北大红楼日志

中国共产党早期北京革命活动纪念馆编写组 编

中共中央党校出版社

《北大红楼日志》编委会

主　编：张爱军

副主编：杨家毅、郑颖宇、黄春锋

成　员：程　皓、吕　莎、张晓宏、王　泽、朱　宁
　　　　彭淼淼、谢尹楠、汤皓晨、于志国、索南卓玛
　　　　于　瀛、汪　蕾、张翃昊、丁雪苗、揭　硕

用好红色资源 赓续红色血脉
努力创造无愧于历史和人民的新业绩
（代序）

在庆祝中国共产党成立100周年之际，中共中央政治局6月25日下午就用好红色资源、赓续红色血脉进行第三十一次集体学习。中共中央总书记习近平在主持学习时强调，红色资源是我们党艰辛而辉煌奋斗历程的见证，是最宝贵的精神财富。红色血脉是中国共产党政治本色的集中体现，是新时代中国共产党人的精神力量源泉。回望过往历程，眺望前方征途，我们必须始终赓续红色血脉，用党的奋斗历程和伟大成就鼓舞斗志、指引方向，用党的光荣传统和优良作风坚定信念、凝聚力量，用党的历史经验和实践创造启迪智慧、砥砺品格，继往开来，开拓前进，把革命先烈流血牺牲打下的红色江山守护好、建设好，努力创造不负革命先辈期望、无愧于历史和人民的新业绩。

这次集体学习是中央政治局带头开展党史学习教育的一项重要安排，采取参观和讨论相结合的形式进行。

25日下午，习近平带领中央政治局同志来到北大红楼，参观"光辉伟业 红色序章——北大红楼与中国共产党早期北京革命活动主题展"，重温李大钊、陈独秀等开展革命活动、推动马克思主义在中国早期传播、酝酿和筹建中国共产党等革命历史。

展厅内,一张张图片、一件件文物,全面展现了那个时期的光辉历史。习近平不时停下脚步,询问相关细节。他指出,北大是新文化运动的中心和五四运动的策源地,最早在我国传播马克思主义思想,也是我们党在北京早期革命活动的历史见证地,在建党过程中具有重要地位。要加强红色资源保护和利用,尊重历史事实,准确评价历史,正确学史用史。

丰泽园毛泽东同志故居,是毛泽东同志从1949年9月21日开始工作和生活了17年的地方。毛泽东同志在这里筹划了新中国建立和建设的一系列大政方略。习近平带领中央政治局同志来到这里参观瞻仰,察看颐年堂大厅现场展陈,观看毛泽东同志在丰泽园工作生活的影像短片,回顾毛泽东同志在这里主持召开的重要会议、作出的重大决策、会见的重要外宾,参观毛泽东同志办公区、会议室和藏书室,仔细察看毛泽东同志批改过的重要文件、阅读过的书籍、穿过的衣物、使用过的日常用品和书信、手稿、照片等,追忆毛泽东同志的卓越功勋和崇高风范。习近平强调,北大红楼和丰泽园在党的历史上都具有标志性意义,生动诠释了中国共产党是怎么来的、中华人民共和国是怎么来的,给我们上了一堂鲜活而又生动的党史课。

参观结束后,习近平等回到中南海怀仁堂,围绕主题进一步开展学习。习近平在主持学习时发表了重要讲话。他指出,红色是中国共产党、中华人民共和国最鲜亮的底色,在我国960多万平方公里的广袤大地上红色资源星罗棋布,在我们党团结带领中国人民进行百年奋斗的伟大历程中红色血脉代代相传。每一个历史事件、每一位革命英雄、每一种革命精神、每一件革命文物,都代表着我们党走过的光辉历程、取得的重大成就,展现了我们党的梦想和追求、情怀和担当、牺牲和奉献,汇聚成我们党的红色血脉。

习近平表示，党的十八大以来，我到地方考察，都要瞻仰对我们党具有重大历史意义的革命圣地、红色旧址、革命历史纪念场所，主要的基本上都走到了。每到一地，重温那一段段峥嵘岁月，回顾党一路走过的艰难历程，灵魂都受到一次震撼，精神都受到一次洗礼。每次都是怀着崇敬之心去，带着许多感悟回。

习近平强调，要教育引导全党始终坚持科学理论指导。马克思主义在中国的广泛传播催生了中国共产党，马克思主义使我们党拥有了科学的世界观和方法论，拥有了认识世界、改造世界的强大思想武器。一百年来，我们党坚持把马克思主义基本原理同中国具体实际相结合，创立了毛泽东思想、邓小平理论，形成了"三个代表"重要思想、科学发展观，创立了新时代中国特色社会主义思想，指导党和人民事业不断开创新局。中国共产党为什么能，中国特色社会主义为什么好，从根本上说，是因为马克思主义行。我们要从党的百年奋斗史中感悟真理的力量，不断深化对共产党执政规律、社会主义建设规律、人类社会发展规律的认识，用马克思主义的真理光芒照耀我们的前行之路。

习近平指出，要教育引导全党始终坚持理想信念。革命理想高于天，回望百年党史，千千万万共产党人为了理想信念不惜抛头颅、洒鲜血。共产主义是我们党的远大理想，为了实现这个远大理想，就必须坚定中国特色社会主义信念。全党同志要增强"四个意识"、坚定"四个自信"，在全面建设社会主义现代化国家新征程上披荆斩棘、奋力前行，不断夺取新时代中国特色社会主义新胜利。

习近平强调，要教育引导全党始终坚持初心使命。牢记和践行为中国人民谋幸福、为中华民族谋复兴的初心使命，是贯穿我们党百年奋斗史的一条红线。江山就是人民，人民就是江山，打江山、守江山，守的是人民的心，对我们这样一个长期执政的党而言，没有比忘记初心使命、脱离群众更大的危险。全党同志要从党的百年奋斗史中不断体悟初心使命，贯彻好以人民为中心的发展思想，矢志不渝为实现中华民族伟大复兴而奋斗。

习近平指出，要教育引导全党始终坚持光荣革命传统。党的伟大精神和光荣传统是我们的宝贵精神财富，是激励我们奋勇前进的强大精神动力。当今中国正处于实现中华民族伟大复兴关键时期，国家强盛、民族复兴需要物质文明的积累，更需要精神文明的升华，决不能丢掉革命加拼命的精神，决不能丢掉谦虚谨慎、戒骄戒躁、艰苦奋斗、勤俭节约的传统，决不能丢掉不畏强敌、不惧风险、敢于斗争、敢于胜利的勇气。全党同志要用党在百年奋斗中形成的伟大精神滋养自己、激励自己，以昂扬的精神状态做好党和国家各项工作。

习近平强调，要教育引导全党始终坚持推进自我革命。我们党历经百年沧桑依然风华正茂，其奥秘就在于具有自我净化、自我完善、自我革新、自我提高的强大能力，自我革命精神是党的执政能力的强大支撑。全党同志要增强忧患意识，以永远在路上的坚定执着将全面从严治党向纵深推进，严于律己，不断提高政治判断力、政治领悟力、政治执行力，始终做一名合格的共产党员，为把党建设得更加坚强有力作出应有的努力。

习近平指出，要用心用情用力保护好、管理好、运用好红色资源。要深入开展红色资源专项调查，加强科学保护。要开展系统研究，准确把握党的历史发展的主题主线、主流本质，旗帜鲜明反对和抵制历史虚无主义。要打造精品展陈，坚持政治性、思想性、艺术性相统一，用史实说话，增强表现力、传播力、影响力，生动传播红色文化。要强化教育功能，围绕革命、建设、改革各个历史时期的重大事件、重大节点，研究确定一批重要标识地，讲好党的故事、革命的故事、英雄的故事，设计符合青少年认知特点的教育活动，建设富有特色的革命传统教育、爱国主义教育、青少年思想道德教育基地，引导他们从小在心里树立红色理想。

（转自新华社北京2021年6月26日电）

一月

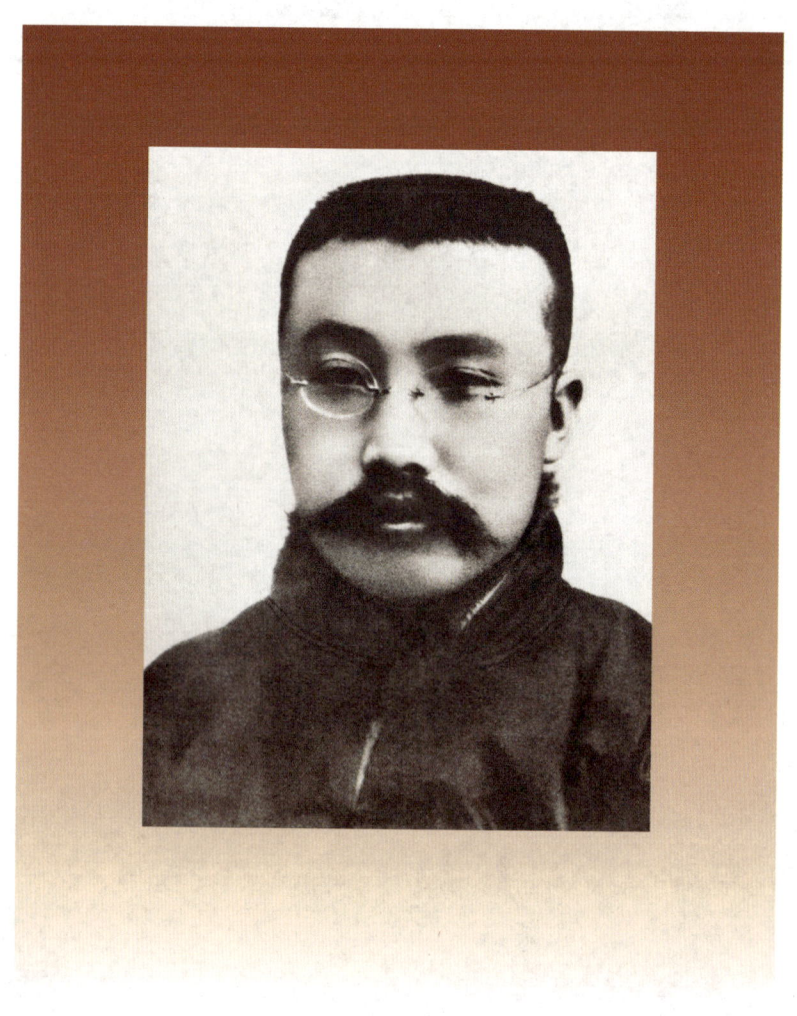

1919年1月1日，李大钊撰写《大亚细亚主义与新亚细亚主义》一文，严肃地指出日本一些人所宣扬的"大亚细亚主义"之本质是"吞并弱小民族的帝国主义"，揭示了"大亚细亚主义"的侵略性与欺骗性，继而提出了"新亚细亚主义"，主张"拿民族解放作基础，根本改造"。

图为李大钊。

北大红楼日志

感悟

一月·一日

扫码听书

1921年1月2日,新民学会新年大会就关于实现"改造中国与世界"目标所采用方法问题的主张进行表决。新民学会由毛泽东等人创办,积极推动了湖南五四爱国运动,孕育了一批马克思主义者。

图为青年毛泽东。

北大红楼日志

感悟

一月·二日

扫码听书

1920年1月3日,北京学联在北京大学第三院召开大会,欢迎湖南赴京驱张请愿团的学生代表。邓中夏主持大会并与毛泽东等座谈,讨论驱张运动的具体方案。

图为驱张大会召开地——烂缦胡同湖南会馆。

北大红楼日志

感悟

一月·三日

扫码听书

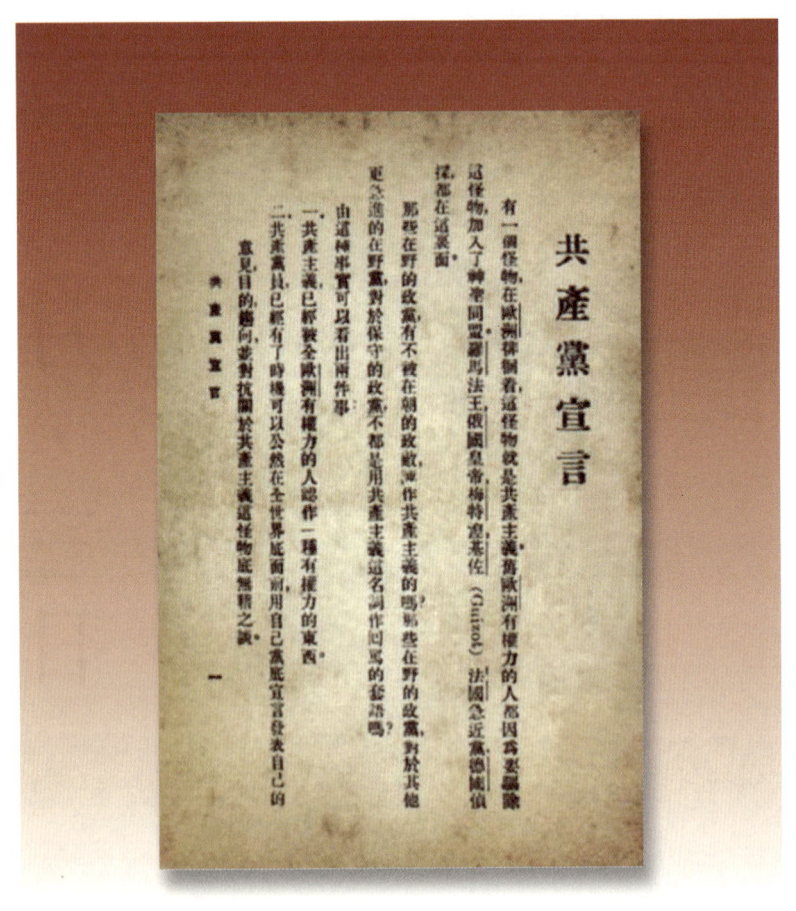

　　1920年1月4日,毛泽东的老师黎锦熙到北京北长街99号福佑寺,与在这里主办平民通信社的毛泽东会面。黎锦熙1968年回忆说:"我此次去看他时,主席坐在大殿正中香案后,很长的香案,左边是平民通信社的油印机和通讯稿件,可见有些稿子很可能是主席自编自刻自印的。右边是一大堆关于社会主义的新书刊,我在这里第一次读到《共产党宣言》的全文。"

　　图为《共产党宣言》。

北大红楼日志

感悟

一月·四日

扫码听书

1919年1月5日,《每周评论》第3号刊载李大钊《新纪元》一文。该文指出,十月革命开辟了人类历史的"新纪元",它将"带来新生活、新文明、新世界",中国人民应当走十月革命的道路。

图为《每周评论》第3号上刊载的《新纪元》。

北大红楼日志

感悟

一月·五日

扫码听书

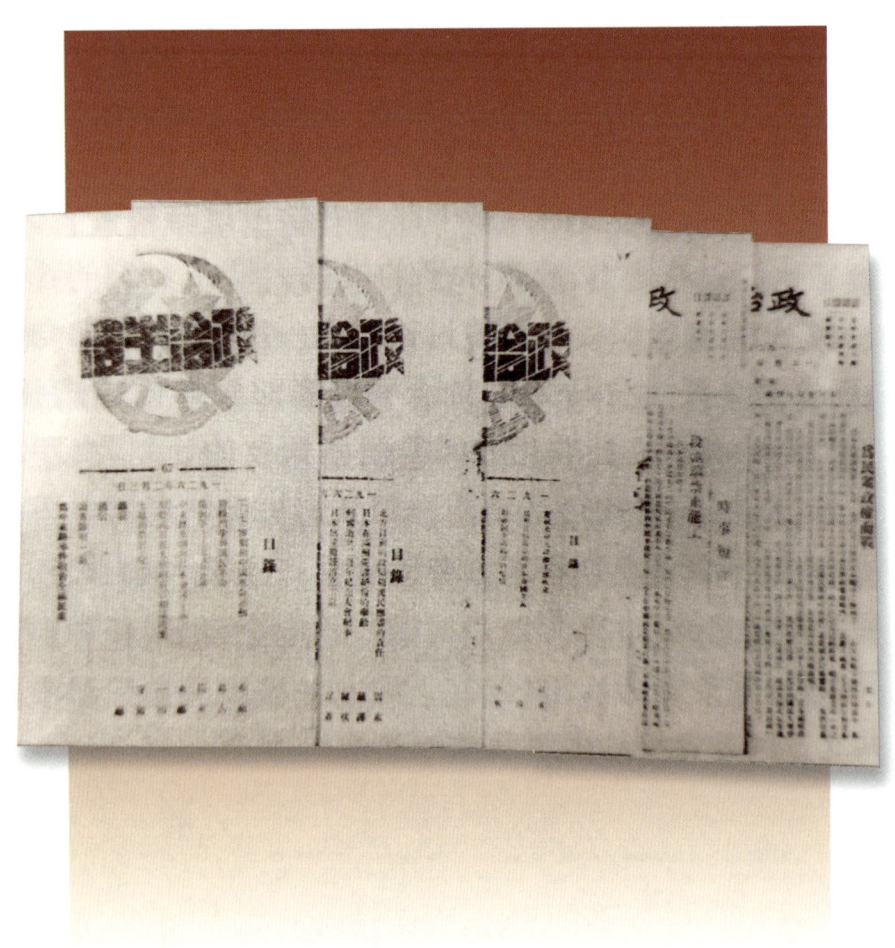

1926年1月6日,李大钊撰写的《新帝国主义战争的酝酿》一文发表于《政治生活》第63期,署名守常。文章揭露了日、英、美等帝国主义国家积极备战,企图争霸世界的野心,呼吁"中国的民众应该联合全世界无产阶级民众,起来反对这残忍的战争"。

图为《政治生活》周刊。

北大红楼日志

感悟

一月·六日

扫码听书

1917年1月7日，鲁迅抵达北京，3天后即前往北京大学拜访蔡元培。在京期间，鲁迅同蔡元培多有往来，不仅为北京大学推荐人才，还应蔡元培邀请设计北京大学校徽。

图为鲁迅。

北大红楼日志

感悟

一月·七日

扫码听书

1922年1月8日,李大钊在北京孔德学校发表《今与古》演讲,分析了怀古思想产生的原因,比较了中外怀古思想的不同,批驳了"今不如昔"的说法,提出要用继承与发展的辩证关系来理解古今关系,认为历史是不断向前发展的。

图为北京《晨报副镌》上登载的李大钊《今与古》演讲稿。

北大红楼日志

感悟

一月·八日

扫码听书

1917年1月9日，蔡元培发表就任北京大学校长演说，指出"大学者，研究高深学问者也"。大学生肩负振兴国家重任，因此，应该做到"抱定宗旨""砥砺德行""敬爱师友"。

图为《东方杂志》第14卷第4号上刊载的《大学校长蔡孑民就职之演说》全文。

北大红楼日志

感悟

一月·九日

扫码听书

1921年1月10日,《小说月报》登载了文学研究会的成立宣言、简章和发起人名单。文学研究会成立于北京中央公园(今北京中山公园)来今雨轩,标志着文学运动从新文化运动中独立出来。

图为来今雨轩外景。

北大红楼日志

感悟

一月·十日

扫码听书

1921年1月11日,长辛店劳动补习学校举行开学仪式,邓中夏出席并代表共产党北京支部主持教务。

图为邓中夏。

北大红楼日志

感悟

一月·十一日

扫码听书

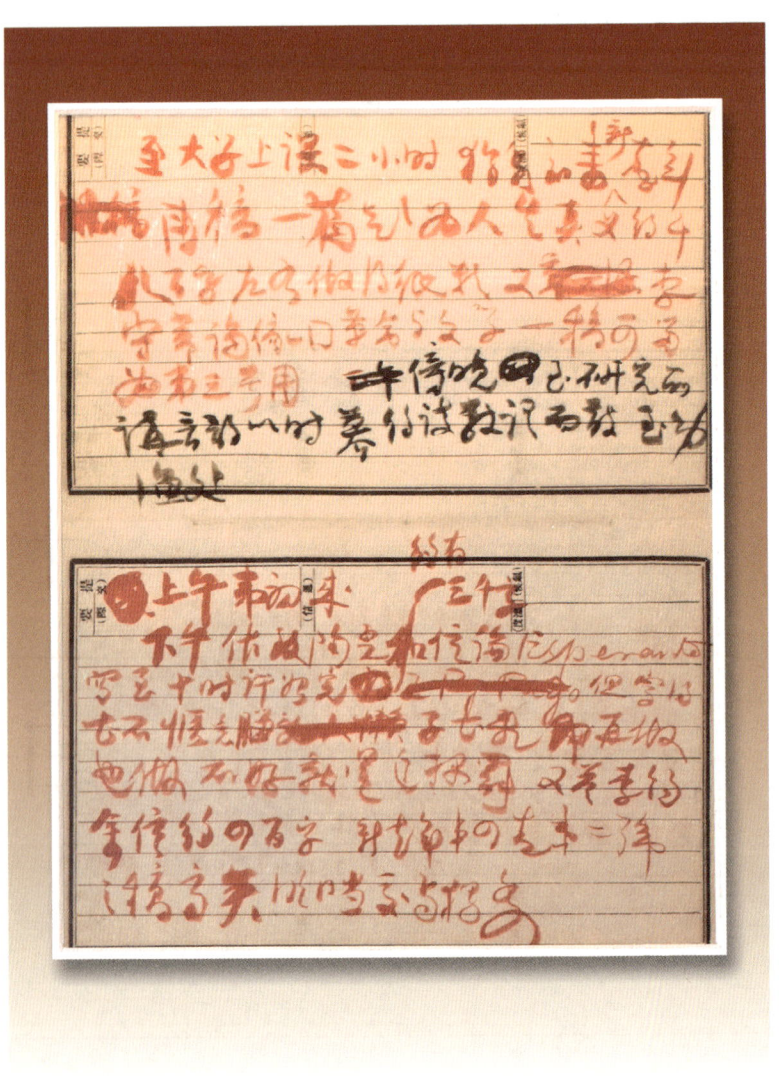

1918年1月12日,钱玄同收到李大钊发来的《论俄国革命与文学》一文。文章中指出,"俄罗斯革命之成功,即俄罗斯青年之胜利,亦即俄罗斯社会的诗人灵魂之胜利也"。

图为钱玄同日记中关于收到此文的记载。

北大红楼日志

感悟

一月·十二日

扫码听书

1917年1月13日,陈独秀被正式任命为北京大学文科学长。同时,蔡元培请夏元瑮继任理科学长,王建祖继任法科学长。

图为陈独秀。

北大红楼日志

感悟

一月·十三日

扫码听书

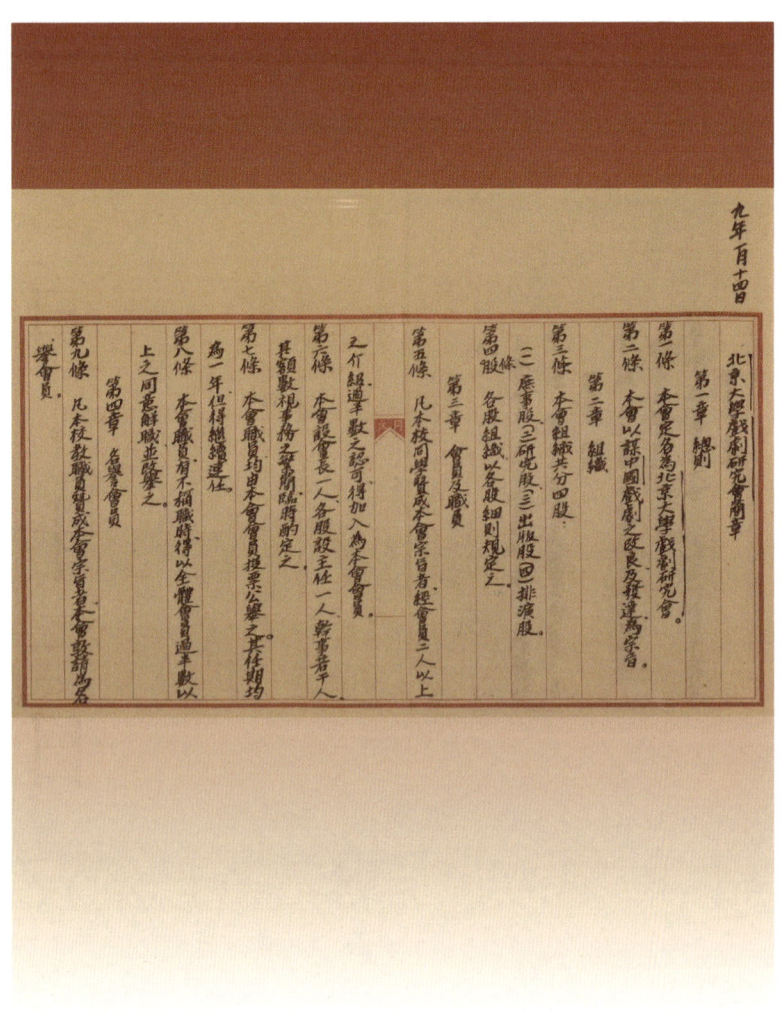

1920年1月14日,《北京大学日刊》补登北京大学戏剧研究会开会纪略,公布了修改后的简章。在经过整顿改革后,北京大学体育会、书法研究会、音乐研究会、画法研究会、戏剧研究会等社团纷纷成立,塑造了一个自由、平等的新北大。

图为《北京大学戏剧研究会简章》。

北大红楼日志

感悟

一月·十四日

扫码听书

1919年1月15日，陈独秀在《新青年》第6卷第1号上发表《本志罪案之答辩书》一文，明确表示："要拥护那德先生，便不得不反对孔教，礼法，贞节，旧伦理，旧政治。要拥护那赛先生，便不得不反对旧艺术，旧宗教。"

图为《本志罪案之答辩书》。

北大红楼日志

感悟

一月·十五日

扫码听书

1922年1月16日,《晨报》登载如下消息:北大平民夜校举行第一班毕业式,该班14人领到了毕业证书。北大平民夜校促进了工人阶级的觉醒,为北京地区工人运动的开展准备了条件。图为正在上课的北大平民夜校学生。

感悟

一月·十六日

扫码听书

1920年1月17日,北京大学伦理学教授杨昌济在北京病逝。5天后,毛泽东与蔡元培、范源濂、章士钊、杨度、黎锦熙等联名,在《北京大学日刊》上发出《启事》,公布杨昌济病逝的消息并介绍他的生平。

图为杨昌济。

北大红楼日志

感悟

一月·十七日

扫码听书

陆征祥　　顾维钧

王正廷　　施肇基　　魏宸组

　　1919年1月18日，巴黎和会在法国巴黎凡尔赛宫开幕。参加此次和会的有美国、英国、法国、意大利、日本、中国等20多个国家，代表共计1000多人。中国以战胜国身份参加了此次和会，提出了废弃势力范围，撤退外国军队、巡警等7项要求。

　　图为参加巴黎和会的中国代表团成员。

北大红楼日志

感悟

一月·十八日

扫码听书

1920年1月19日，湖南各界公民代表陈赞周、彭璜、毛泽东等给北洋政府总统、国务总理的关于驱逐湖南督军兼省长张敬尧的呈文在上海《民国日报》发表。毛泽东到北京后，经与各方协商，组成"旅京湖南各界联合会"及"旅京湘人驱张各界委员会"，开办平民通信社，自任社长，起草大量驱张宣言、通电等。在他的主持下，北京成为驱张运动的大本营。

图为毛泽东等发表的快邮代电。

北大红楼日志

感悟

一月·十九日

扫码听书

1924年1月20日,中国国民党第一次全国代表大会在广州召开。这次会议是在改组国民党和国共合作背景下召开的。按照中共三大的决定,李大钊等20余位中共党员参加了会议。李大钊被孙中山指定为大会五人主席团成员及宣言审查委员。

图为李大钊、孙中山等人走出国民党一大会场。

北大红楼日志

感悟

一月·二十日

扫码听书

1920年1月21日,由缪伯英等人发起的北京女子工读互助团在北京北河沿成立。毛泽东、邓中夏等人曾多次到北京女子工读互助团参观考察。毛泽东在1920年2月给陶毅的信中写道:"今日到女子工读团……觉得很有趣味!但将来的成绩怎样?还要看他们的能力和道德力如何,也许终归失败(男子组大概可说已经失败了)。"

图为北京女子工读互助团在劳动。

北大红楼日志

感悟

一月·廿一日

扫码听书

1918年1月,《新青年》由陈独秀个人主编改为同人刊物,陈独秀、钱玄同、刘半农、陶孟和、沈尹默、胡适、高一涵、李大钊相继为轮值编辑。北京大学新派人物加入编辑行列,实现了一校一刊的结合,《新青年》和北京大学成为新文化运动的主阵地。

图为《新青年》八大同人编辑。

北大红楼日志

感悟

一月·廿二日

扫码听书

　　1921年1月23日,李大钊在北京大学马克思学说研究会举办的"社会主义是否适宜于中国"的大辩论中作了总结发言,用唯物史观的观点论述了"社会主义之必然到来"的问题。据朱务善回忆,"此后不久,北京大学马克思学说研究会的成员竟增加到数十人之多,同时其他各专校也成立了这样的研究会"。

　　图为《社会主义讨论集》,该书被当时的青年誉为"研究马克思学说最好的入门书"。

北大红楼日志

感悟

一月·廿三日

扫码听书

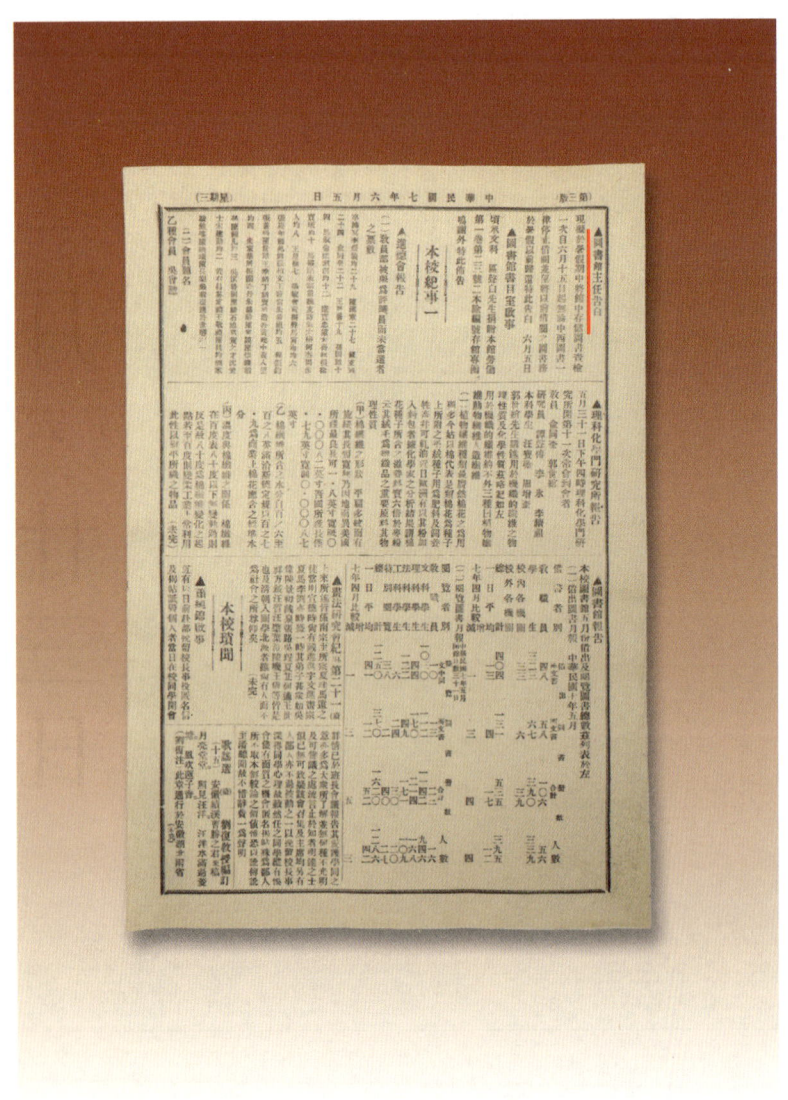

1918年1月24日，就任北京大学图书馆主任的李大钊发布第一次《图书馆主任告白》。

图为《图书馆主任告白》。

北大红楼日志

感悟

一月 · 廿四日

扫码听书

1919年1月25日,北京大学哲学研究会由马叙伦、陈大齐、胡适、杨昌济发起成立。该研究会在中国现代哲学史上具有重要意义。毛泽东在北大工作期间也参加了该研究会。

图为1918年6月北京大学文科哲学门第二届毕业生与教师合影(前排左起:康宝忠、崔适、陈映璜、马叙伦、蔡元培、陈独秀、梁漱溟、陈汉章;中排左4:冯友兰)。

北大红楼日志

感悟

一月 · 廿五日

扫码听书

1919年1月26日，李大钊在《每周评论》第6号上发表《政客》《国民仲裁》《平民独裁政治》《过激乎？过惰乎？》《乡愿与大盗》《放弃特殊地位》6篇文章。其中，在《放弃特殊地位》中，李大钊指出："德国要想在世界上得一个特殊地位，惹起了一场世界大战争。""日本要想在世界上对于中国占特殊地位，也必要步德国的后尘。"

图为《放弃特殊地位》一文。

北大红楼日志

感悟

一月·廿六日

扫码听书

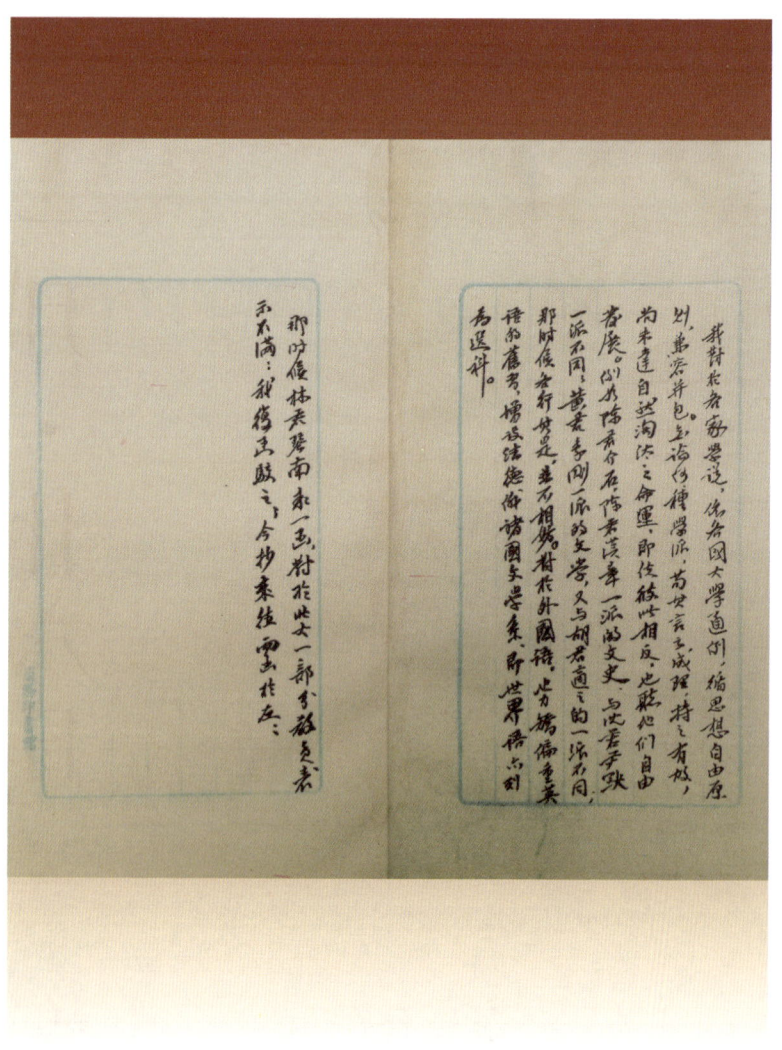

1917年1月,陈独秀致信胡适,邀请他回国到北大任教。在蔡元培的锐意改革下,北京大学气象一新,许多学者纷纷加入教师队伍。

图为蔡元培"兼容并包"手稿。

北大红楼日志

感悟

一月·廿七日

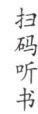
扫码听书

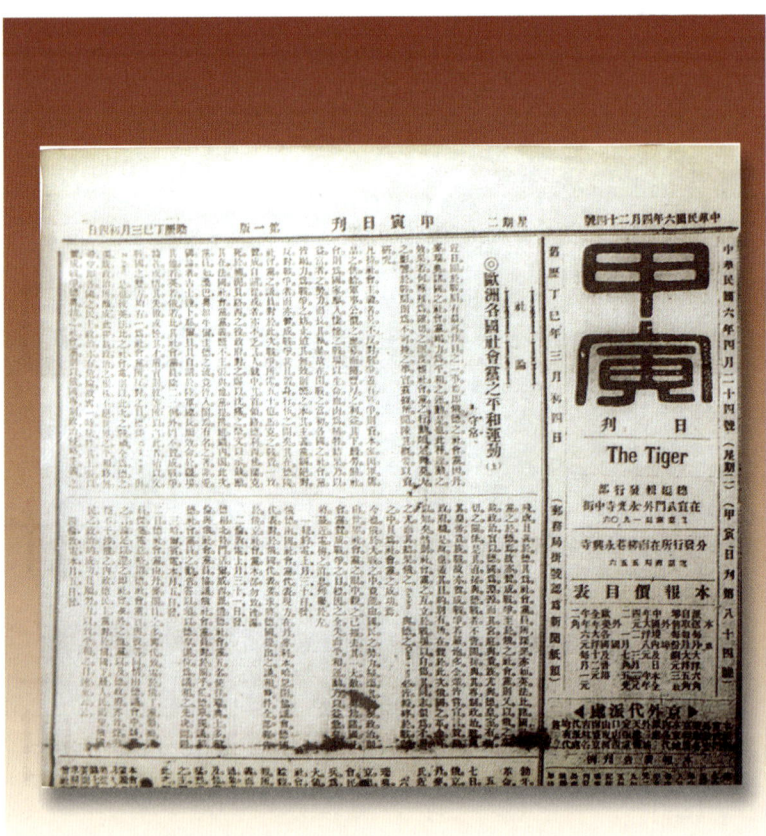

1917年1月28日,《甲寅》日刊在北京创刊,李大钊应邀担任编辑。1917年1月28日—6月25日,李大钊先后在《甲寅》日刊上发表70余篇文章,抨击反动统治和封建文化。

图为李大钊在《甲寅》上发表的《欧洲各国社会党之平和运动》。

北大红楼日志

感悟

一月·廿八日

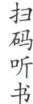

扫码听书

1920年1月,毛泽东经李大钊、王光祈等介绍,参加少年中国学会。少年中国学会由李大钊、王光祈等人发起,以"本科学的精神,为社会的活动,以创造'少年中国'"为宗旨。

图为1920年《少年中国》第1卷第8期上刊登的毛泽东加入少年中国学会的消息。

北大红楼日志

感悟

一月·廿九日

扫码听书

1917年1月30日，李大钊发表《孔子与宪法》一文，对当时复古尊孔者鼓吹以孔教为国教，以纲常伦理禁锢人们的思想、限制独立人格的形成进行了批驳。

图为李大钊（前排中坐者）与宪法公言社同人合影。

北大红楼日志

感悟

一月·三十日

扫码听书

1919年1月31日,李大钊协助北京《晨报》副刊第7版设立"自由论坛"栏目并参与编辑工作。此后,《晨报》副刊开始成为马克思主义在中国有组织、有系统传播的重要阵地之一。

图为《晨报》副刊上刊登的马克思《劳动与资本》(即《雇佣劳动与资本》)。

北大红楼日志

感悟

一月·卅一日

扫码听书

二月

1917年2月1日，陈独秀在《新青年》第2卷第6号上发表《文学革命论》，宣称"余甘冒全国学究之敌"，呼吁"推倒雕琢的阿谀的贵族文学，建设平易的抒情的国民文学""推倒陈腐的铺张的古典文学，建设新鲜的立诚的写实文学""推倒迂晦的艰涩的山林文学，建设明了的通俗的社会文学"。

图为《文学革命论》。

北大红楼日志

感悟

二月·一日

扫码听书

1922年2月2日，北京大学马克思学说研究会在《北京大学日刊》上发出通告，称已成立三个"特别研究会"，即劳动运动研究会、《共产党宣言》研究会和远东问题研究会，会员人数由成立之初的19人增至63人。

图为《北京大学日刊》上刊登的《马克思学说研究会通告（三）》。

北大红楼日志

感悟

二月·二日

扫码听书

  1918年2月3日,《北京大学日刊》载《北京大学音乐会简章》。《北京大学音乐会简章》分为总则及职员与会期两章,共十条。总则中规定,以研究音乐陶冶性情为宗旨;以本校同学组织之,不论曾否习过音乐,有愿入会者均得为会员;一切经费均由会员担负,可请校中酌量补助;音乐中西兼采,由会员自选;酌聘教员一二名,以资深造,薪水由学校负担等。

  图为北京大学音乐会章。

北大红楼日志

感悟

二月·三日

扫码听书

1923年2月4日,京汉铁路各分会在总工会的领导下开始罢工,长辛店有3000多名工人参加罢工。罢工遭到北洋政府的血腥镇压。京汉铁路全路有52名工人牺牲,300余人受伤。

图为武汉工团联合会赠予京汉铁路总工会成立大会的"劳工神圣"大匾。

北大红楼日志

感悟

二月·四日

扫码听书

　　1919年2月5日,北京大学学生2000多人在北京大学法科礼堂集会。会上"举出干事十几人,分头进行,并联合各学校的学生,电致巴黎五专使,请他们坚持前议,不要让步"。
　　图为北京大学法科礼堂外景。

北大红楼日志

感悟

二月·五日

扫码听书

1925年春，经李大钊、罗章龙介绍，邵飘萍秘密加入中国共产党。邵飘萍以个人之力创办《京报》，参与创建北京大学新闻学研究会并出任该会讲师。

图为邵飘萍。

北大红楼日志

感悟

二月·六日

扫码听书

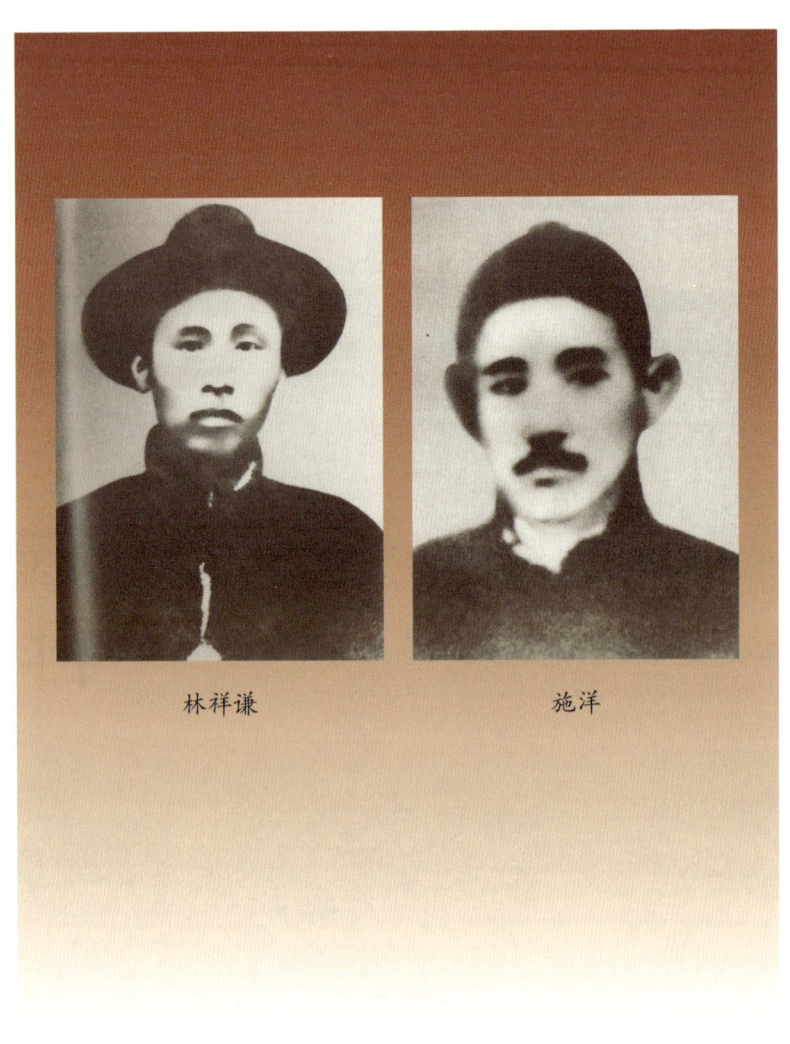

林祥谦　　　　　　施洋

1923年2月7日，军阀吴佩孚在帝国主义支持下，同时在长辛店、郑州、江岸等地血腥镇压铁路罢工工人，致使林祥谦、施洋等52人遇害，300多人受伤，造成震惊中外的二七惨案。

图为在二七大罢工中牺牲的罢工领导人林祥谦、施洋。

北大红楼日志

感悟

二月·七日

扫码听书

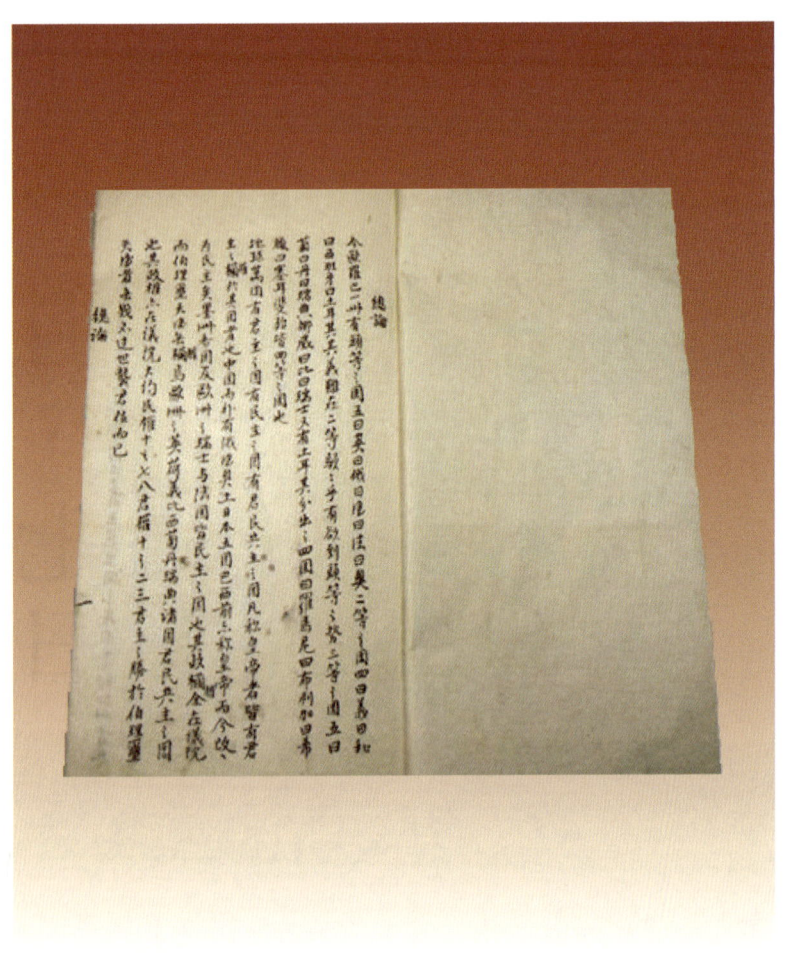

1922年2月8日,北京大学第二院举行"工余补习夜校"开学典礼,邓中夏在典礼上发表了演说。该校以北京大学马克思学说研究会名义创办,教员亦由会员担任,开设有英文AB班和工人常识班。学员50人,多为北京大学出版部和新知书社的印刷工人。

图为邓中夏学生时期使用的抄写本。

北大红楼日志

感悟

二月·八日

扫码听书

  1923年2月9日，北京学联在北京大学第三院召开全体学生大会"筹商进行罢工工人之援助办法"。邓中夏首先在会上作中心发言，随后工人代表刘焕文、吴汉强"陈述工人惨状及当日长辛店残杀情形"。会议一致议决"派代表到京汉路慰问工人，鼓励其精神及调查现状，请愿府院，换赵局长及肇事警长，撤退军队，恢复工人自由，并通电历述军阀残忍暴行，望各界努力推倒之，致电各路工友援助京汉路，抵抗军阀"。

  图为京汉铁路总工会会员证。

北大红楼日志

感悟

二月·九日

扫码听书

　　1921年2月,《武汉星期评论》创刊。随着"问题与主义"之争在各进步社团普遍展开,马克思主义逐渐取得优势,如恽代英、刘仁静等即坚持少年中国学会必须接受马克思主义、坚决走革命的道路。

　　图为恽代英等在武汉创办的《武汉星期评论》,该刊物旗帜鲜明地宣传马克思主义思想。

北大红楼日志

感悟

二月·十日

扫码听书

1915年2月11日，留日学生千余人在东京集会，反对日本政府提出的"二十一条"，并决定成立中国留日学生会，李大钊任文事委员会委员。其后，李大钊代表中国留日学生总会撰写通电《警告全国父老书》。该通电传遍全国，有力推动了反日爱国运动。

图为李大钊起草的《警告全国父老书》。

北大红楼日志

感悟

二月·十一日

扫码听书

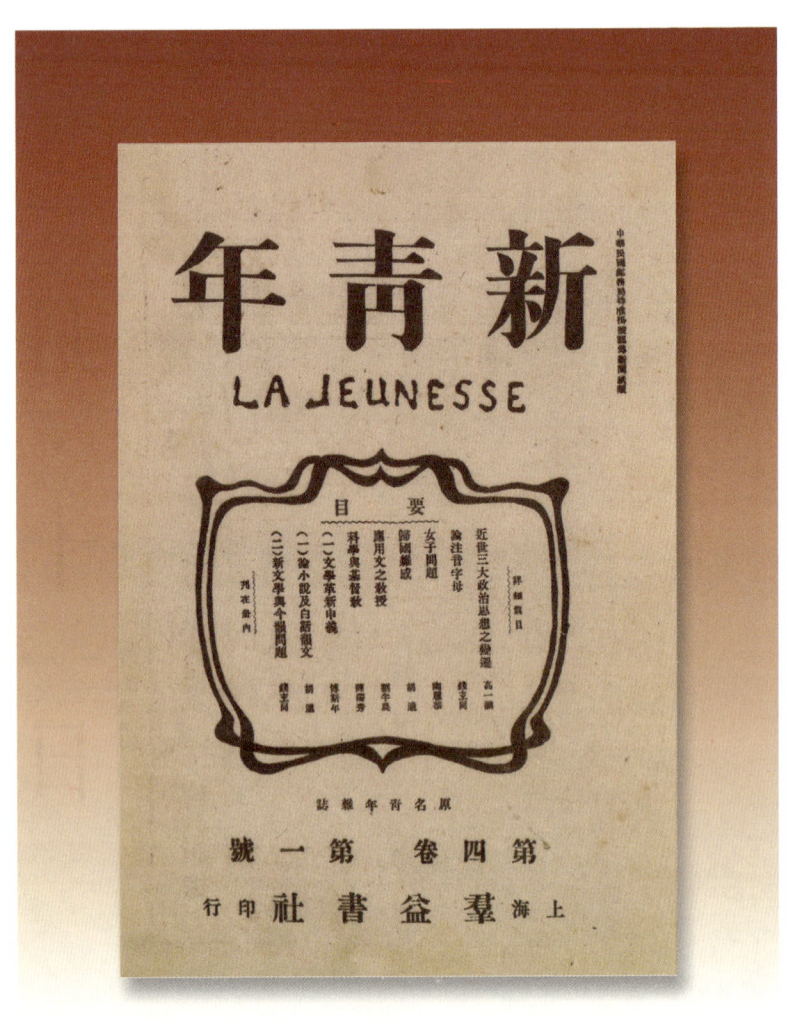

　　1920年2月12日，陈独秀在武昌文华大学作了《我们为什么要做白话文》的演讲，阐述了白话文的价值。在陈独秀等《新青年》同人的倡导下，文学革命逐步地开展起来。

　　图为《新青年》第4卷第1号，该刊物自此开始全面尝试采用白话文和新式标点。

北大红楼日志

感悟

二月·十二日

扫码听书

1920年2月13日,高一涵从日本写信给陈独秀、胡适,报告日本新进人物对新文化运动的期待。作为早期《新青年》的重要撰稿人,高一涵认为自由与道德是不可分的,他是科学与民主理念最为积极的宣传者之一。

图为高一涵(左1)留日期间与友人合影。

北大红楼日志

感悟

二月·十三日

扫码听书

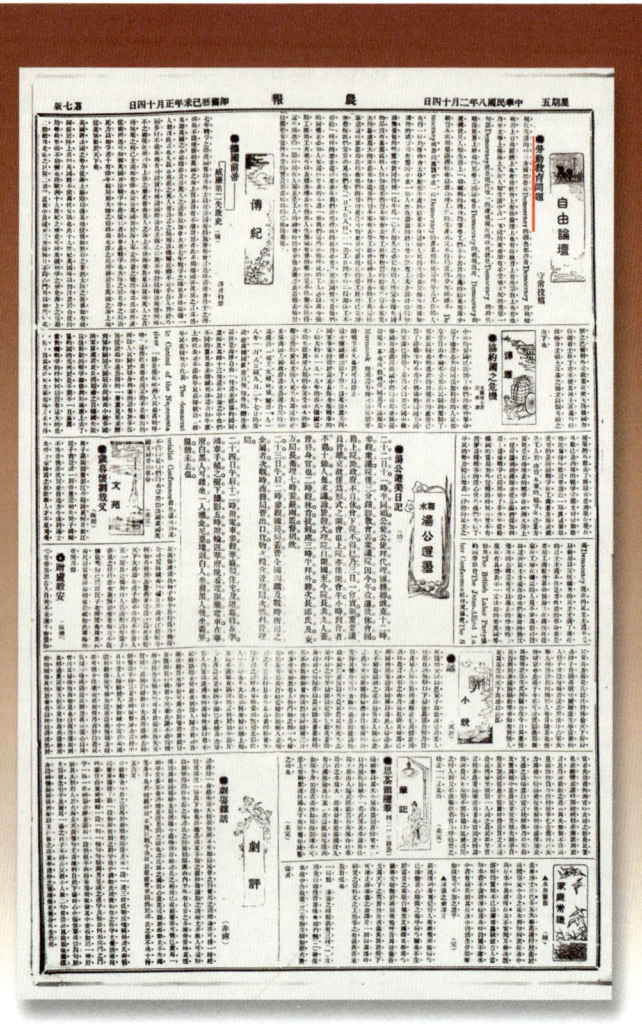

1919年2月14—15日,李大钊在《晨报》上发表《劳动教育问题》一文,署名守常。在文中,他强烈呼吁为工人争取受教育权,主张社会应通过多开设劳工补助教育机关,来改变少数人受教育而绝大多数劳动人民受不到教育的状况。

图为《晨报》上刊载的《劳动教育问题》。

北大红楼日志

感悟

二月·十四日

扫码听书

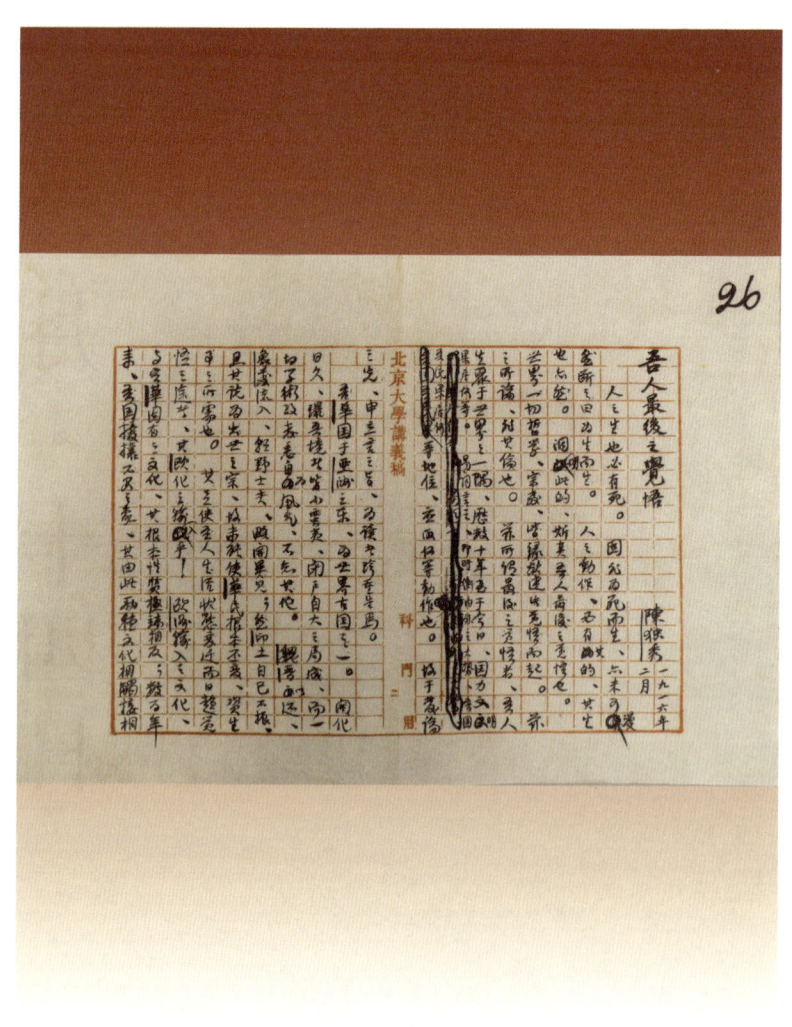

1916年2月15日,陈独秀在《青年杂志》第1卷第6号上发表《吾人最后之觉悟》一文。文中提出国民觉悟是政治制度变革的根本,号召国民破除封建伦理道德,建立真正的共和制。

图为《吾人最后之觉悟》抄录稿。

北大红楼日志

感悟

二月·十五日

扫码听书

  1921年2月16日，瞿秋白开始撰写散文集《赤都心史》第一章《黎明》。他所创作的《新俄国游记》《赤都心史》最早向国内介绍了世界上第一个社会主义国家苏俄革命初期的情况，并记录了他自身受十月革命影响成为共产主义者的思想历程。

  图为《新俄国游记》《赤都心史》。

北大红楼日志

感悟

二月·十六日

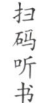
扫码听书

1920年2月17日,女学生王兰获准为北京大学哲学系旁听生,为北京大学招收的第一个女学生,由此开公立大学男女同校的先河。新文化运动中,随着妇女解放呼声日益高涨,女子逐渐获得与男子同等受教育的权利,尤其是获得了享受高层次教育的权利。

图为北京大学招收的第一批女学生中的三位:王兰、奚浈、查晓园(右起)。

北大红楼日志

感悟

二月·十七日

扫码听书

1918年2月18日，《北京大学日刊》登载大学公余法文夜校发起人启事及该夜校缘起与简章。该夜校由李大钊、李辛白等人发起。发起者认为，北京大学同人"若于公务之暇，移其时力于学，所裨于群体与个人进步者，必非浅显"。

图为《北京大学日刊》上登载的大学公余法文夜校发起人启事。

北大红楼日志

感悟

二月·十八日

扫码听书

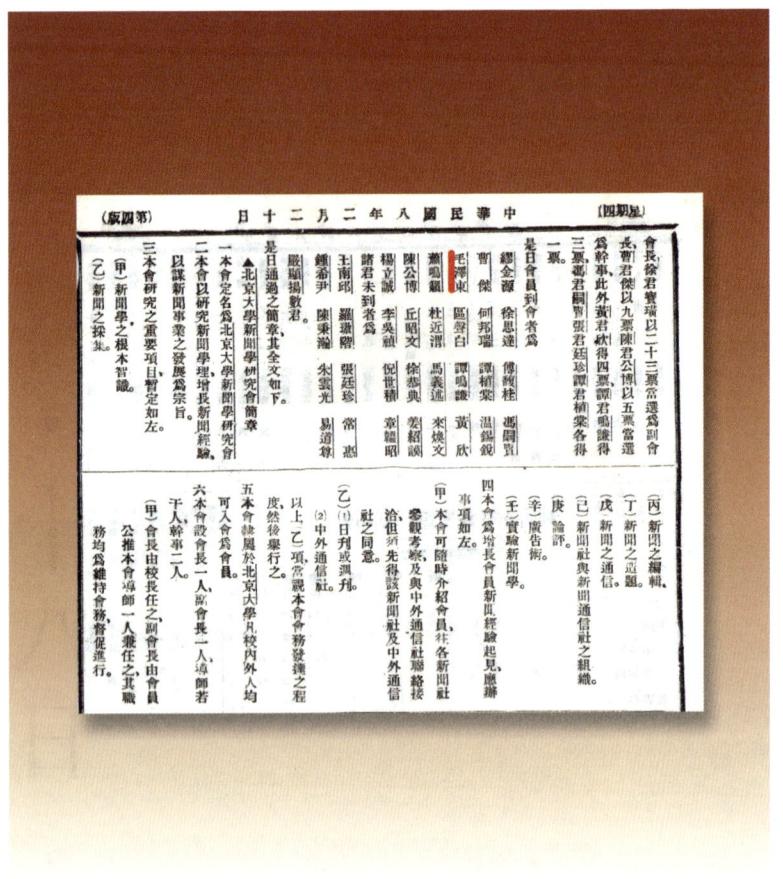

1919年2月19日，北京大学新闻学研究会在文科第34教室开改组大会，毛泽东是出席大会的24名会员之一。大会修正通过简章：（一）本会定名为北京大学新闻学研究会；（二）本会以研究新闻学理、增长新闻经验，以谋新闻事业之发展为宗旨；（三）本会研究之重要项目：新闻学之根本知识、采集、编辑、选题、通信等；（四）本会隶属于北京大学，凡校内外人均可入会为会员等十条。

图为《北京大学日刊》上刊载的会议记录。

北大红楼日志

感悟

二月·十九日

扫码听书

1919年2月20—23日，李大钊在《晨报》上发表《青年与农村》一文，号召青年"速向农村去""同劳工阶级打成一气"。指出"要想把现代的新文化，从根底输到社会里面，非把知识阶级和劳工阶级打成一气不可"。

图为李大钊在北京《晨报》上发表的《青年与农村》。

北大红楼日志

感悟

二月·二十日

扫码听书

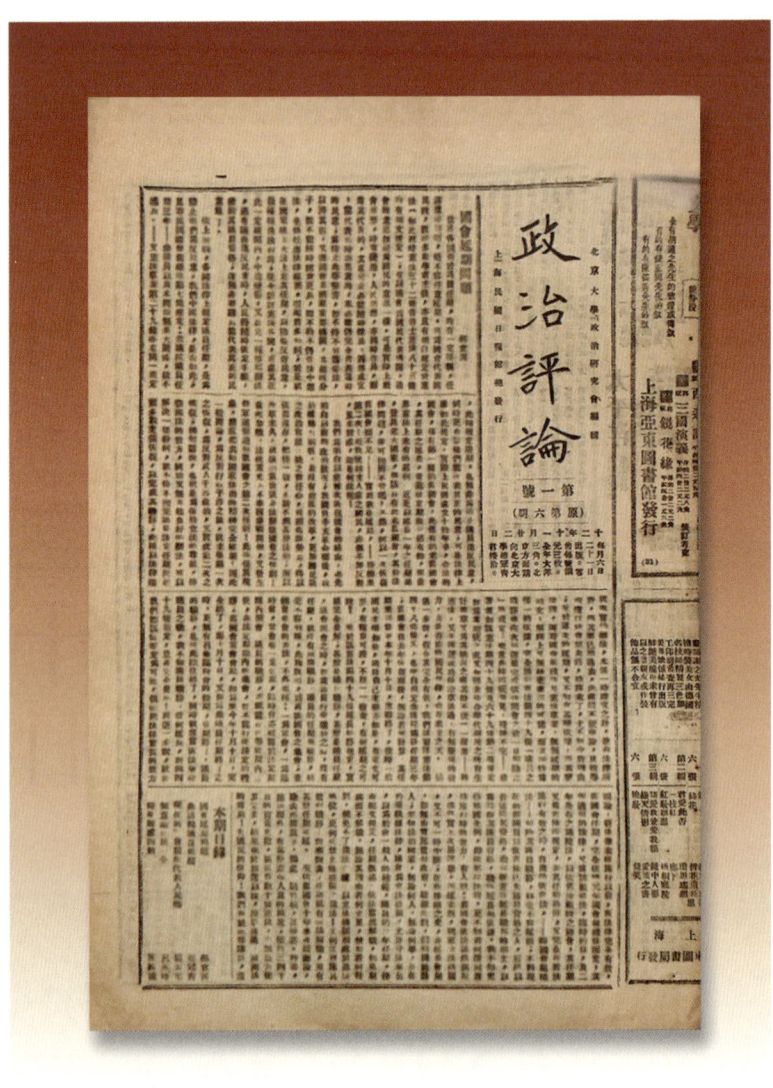

　　1921年2月21日,北京大学政治研究会在北京大学第一院开全体大会,讨论通过该研究会"研究方法"总则。

　　图为北京大学政治研究会编辑的《政治评论》。

北大红楼日志

感悟

二月 · 廿一日

扫码听书

   1918年2月22日,蔡元培发起成立北京大学画法研究会。聘请陈师曾、贺履之、汤定之、徐悲鸿等为导师。该研究会被视为中国现代史上第一个新型的研究绘画艺术的大型美术团体。

   图为北京大学画法研究会全体合影。

北大红楼日志

感悟

二月·廿二日

扫码听书

　　1921年2月23日，正在法国勤工俭学的周恩来致信表兄陈式周，谈旅居英法的感受。在信中，他深刻指出："吾国今日最大之患，为产业不兴，教育不振"。"至于教育，则根本问题，端在平民身上。使今日之留学界能有彻底的觉悟……多在社会上做一点平民运动，则工场技师，农庄庄师，何不可兼为启诱农工阶级智识之良师"。

　　图为留法时期周恩来在巴黎住所门前留影。

北大红楼日志

感悟

二月·廿三日

扫码听书

1922年2月24—26日,北京女子高等师范学校学生在教育部大礼堂举行游艺会,连续3天公演《孔雀东南飞》《叶启瑞》《归去》和《爱情与金钱》四部话剧,引起巨大反响。李大钊出席大会并指导学生编排剧目。

图为李大钊(后排右3)与北京女子高等师范学校部分师生合影。

北大红楼日志

感悟

二月·廿四日

扫码听书

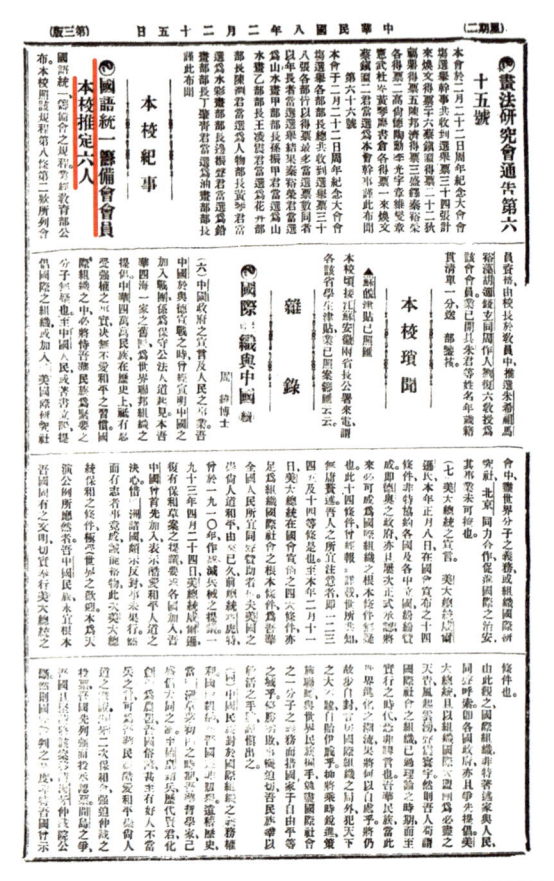

1919年2月25日,《北京大学日刊》登出蔡元培向国语统一筹备会推举的名单:"国语统一筹备会之规程,业经教育部公布。本校照该规程第八条第二款所列会员资格,由校长于教员中,推选朱希祖、马裕藻、胡适、钱玄同、周作人、刘复(半农)六教授为该会会员。业已开具朱君等姓名年岁籍贯清单一份,送部鉴核。"

图为《北京大学日刊》上刊登的名单。

北大红楼日志

感悟

二月·廿五日

扫码听书

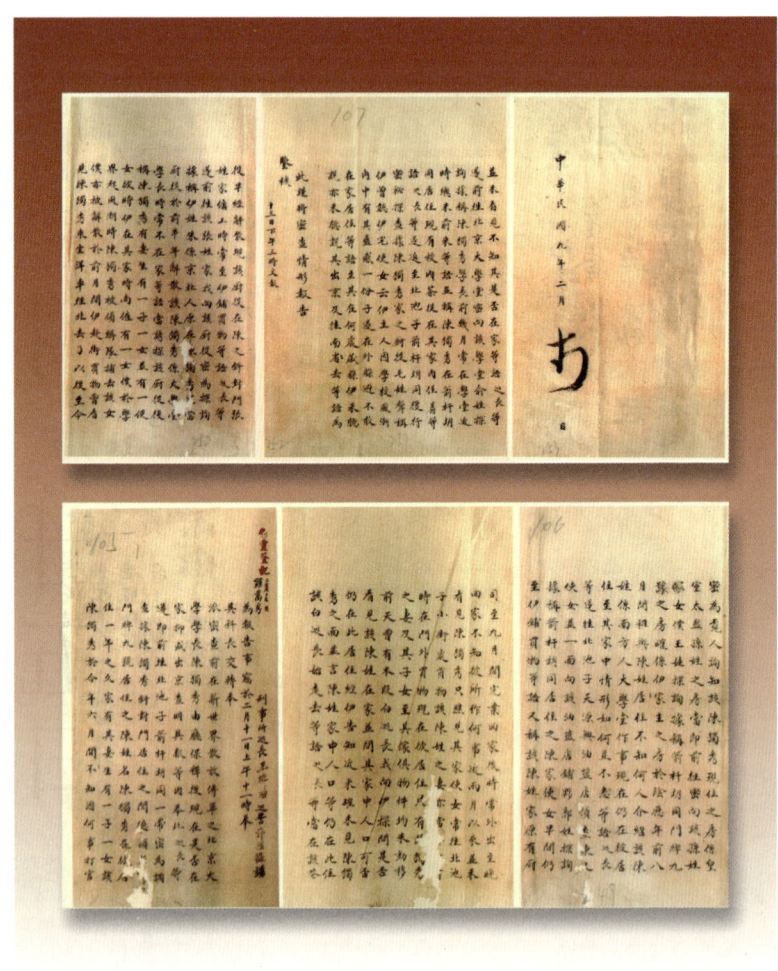

　　1920年2月,李大钊扮作商人帮助陈独秀秘密出京,先护送到天津,随后陈独秀转到上海。途中,李大钊和陈独秀商讨了建党的问题,并相约在北京和上海分别进行活动,筹建中国共产党。

　　图为1920年京师警察厅刑事所巡长王维藩、巡警许权福关于密查陈独秀行踪情形的报告。

北大红楼日志

感悟

二月·廿六日

扫码听书

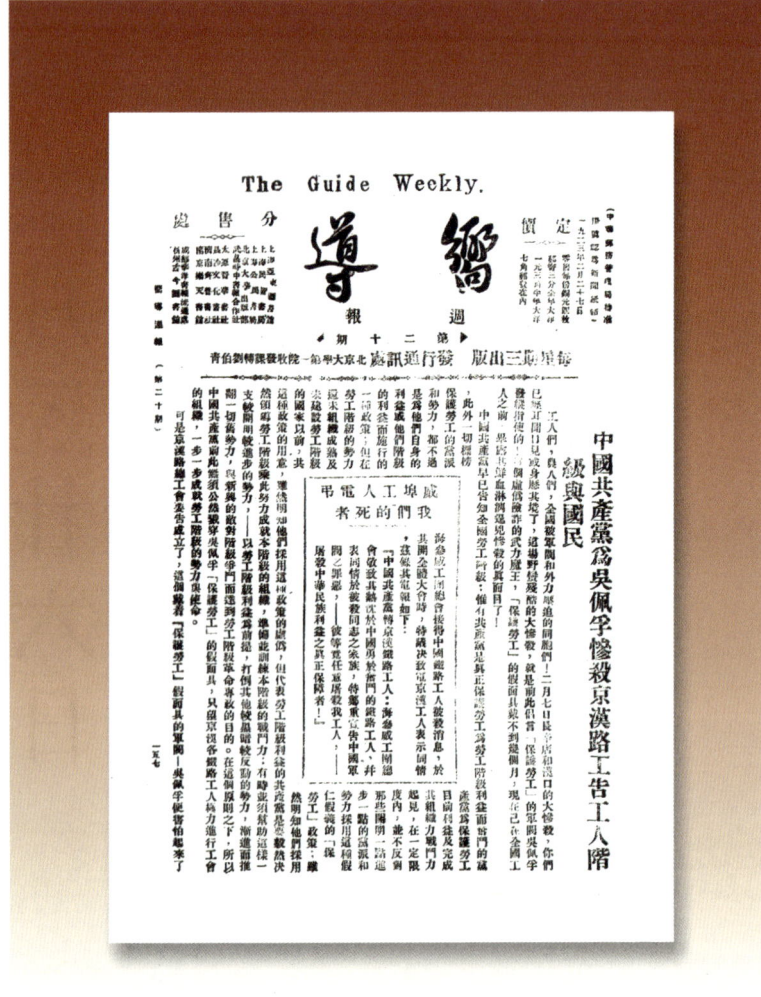

1923年2月27日，中国劳动组合书记部在《向导》第20期上发表《二七大屠杀的经过》，详细披露北洋军阀屠杀工人的罪行。同日，中共中央发表《中国共产党为吴佩孚惨杀京汉路工告工人阶级与国民书》。

图为《向导》第20期。

北大红楼日志

感悟

二月·廿七日

扫码听书

1921年2月28日,华法教育会决定不再资助留法勤工俭学生,北洋政府也回电拒绝给予救济,激起广大勤工俭学生的不满。同日,400余名勤工俭学生在蔡和森、向警予、李维汉、王若飞、蔡畅等领导下,到中国驻法公使馆请愿,要求解决求学和发放救济金等问题。法国当局派出上百名警察,出动马队驱赶请愿学生,并逮捕了学生代表。

图为蔡畅、向警予等人在法国蒙塔尔纪女校勤工俭学时的合影。

北大红楼日志

感悟

二月·廿八日

扫码听书

三月

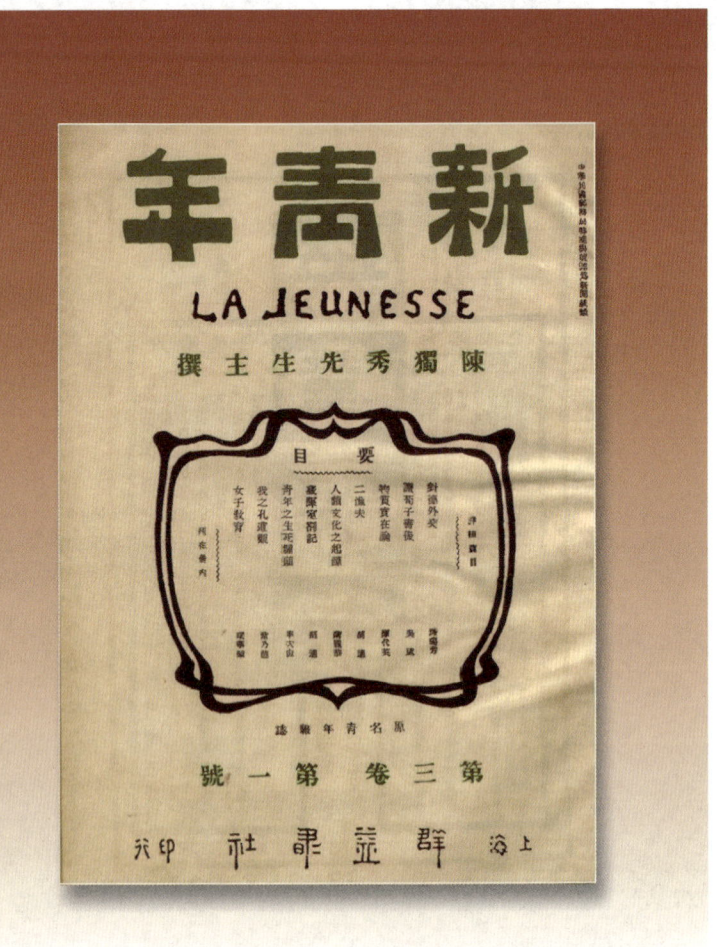

1917年3月1日,《新青年》第3卷第1号正式出版,这是陈独秀来到北京后编辑的第一本《新青年》。《新青年》在京期间(第3卷第1号—第7卷第4号),李大钊《我的马克思主义观》、毛泽东《体育之研究》、鲁迅《狂人日记》等名篇均由它传播出去。

图为《新青年》第3卷第1号。

北大红楼日志

感悟

三月·一日

扫码听书

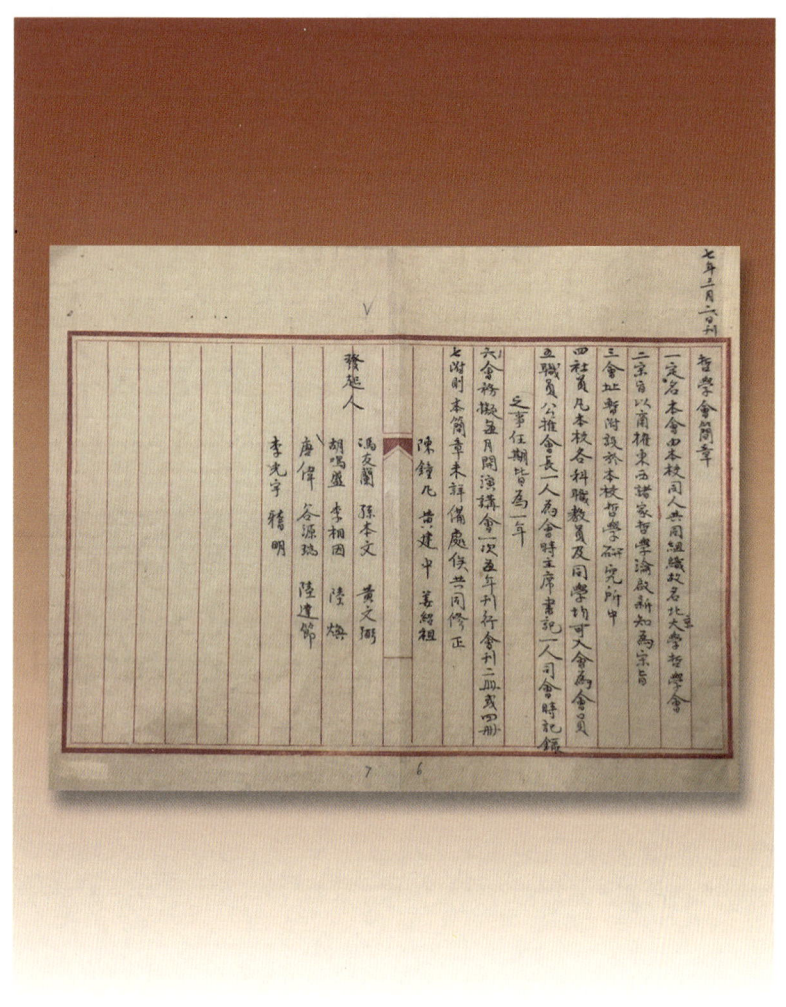

1918年3月2日，北京大学哲学会发布简章，确定该会的宗旨及目标为"商榷东西诸家哲学，瀹启新知"。北京大学哲学会由陈钟凡、冯友兰等人发起，毛泽东在北京大学工作期间也参加了该会。

图为《北京大学哲学会简章》。

北大红楼日志

感悟

三月·二日

扫码听书

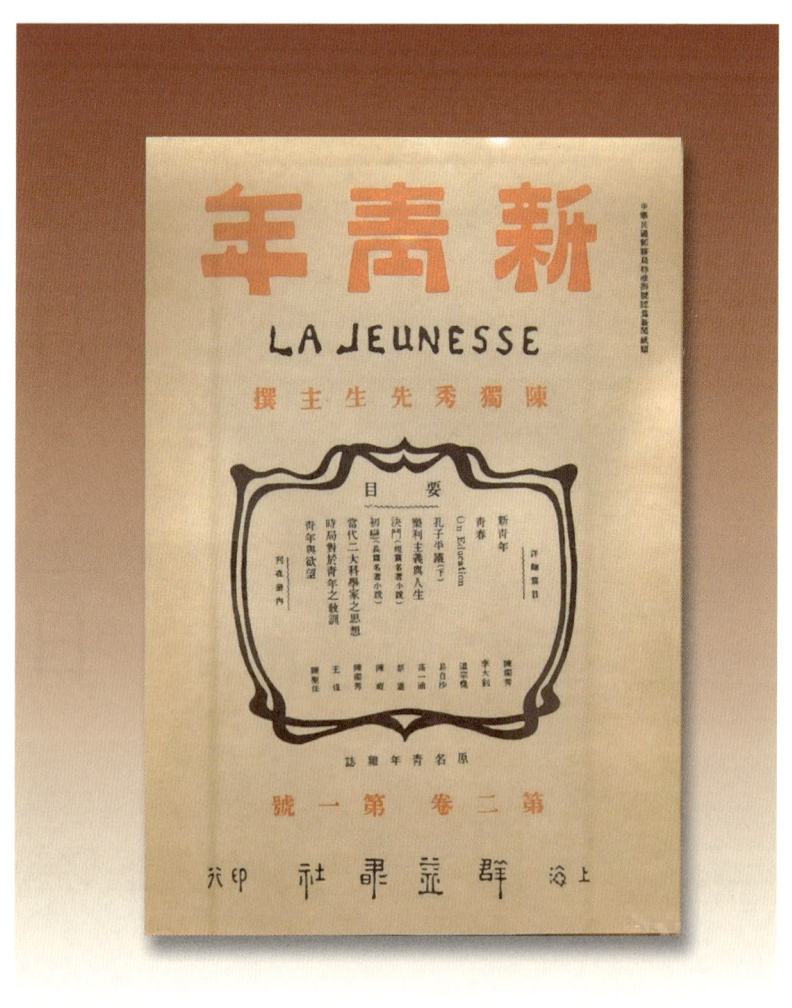

　　1916年3月3日，群益书社收到上海青年会的来信，信中表示，《青年杂志》与《上海青年》名字雷同，应及早改名以免出现冒名。陈独秀决定将《青年杂志》更名为《新青年》。

　　图为更名后出版的首期《新青年》（第2卷第1号）。

北大红楼日志

感悟

三月·三日

扫码听书

1919年3月4—5日,李大钊在《晨报》上发表《新旧思潮之激战》一文,严正指出:"须知中国今日如果有真正觉醒的青年,断不怕你们那伟丈夫的摧残;你们的伟丈夫,也断不能摧残这些青年的精神。"并提出:新旧并存同进,一面要有容人并存的雅量,一面更要有自信独守的坚操。

图为《晨报》上刊登的《新旧思潮之激战》。

北大红楼日志

感悟

三月·四日

扫码听书

1921年3月，李大钊在《曙光》杂志第2卷第2号上发表了《团体的训练与革新的事业》一文，指出："中国现在既无一个真能表现民众势力的团体，C派的朋友若能成立一个强固的精密的组织，并注意促进其分子之团体的训练，那么中国彻底的大改革，或者有所附托！"

图为李大钊的《团体的训练与革新的事业》。

北大红楼日志

感悟

三月·五日

扫码听书

1919年3月6日,共产国际第一次代表大会胜利闭幕,这次大会宣告了共产国际的成立。俄共(布)、共产国际高度重视中国人民反帝反封建的革命斗争。

图为共产国际成立时的情景。

北大红楼日志

感悟

三月·六日

扫码听书

1919年3月7日,《北京大学日刊》头版刊出《北京大学平民教育讲演团简章》和《北京大学平民教育讲演团征集团员启》。前者规定:"本团以增进平民智识、唤起平民之自觉心为宗旨。"

图为北京大学平民教育讲演团宣讲所。

北大红楼日志

感悟

三月·七日

扫码听书

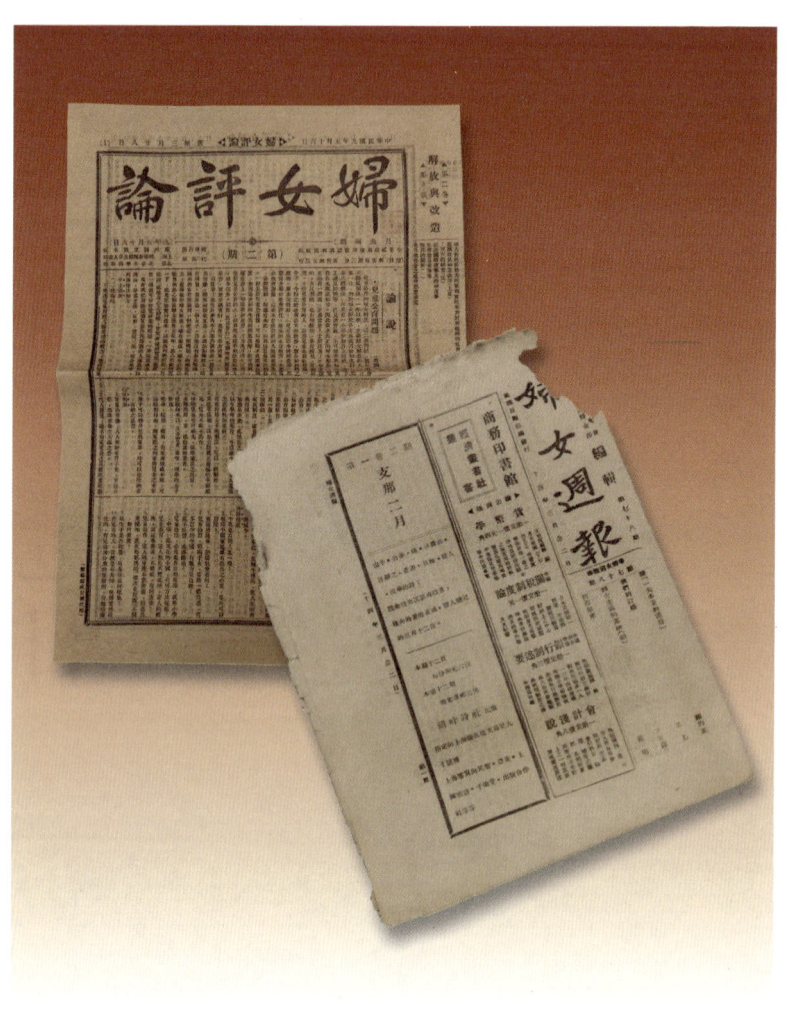

1921年3月8日,陈独秀在纪念三八妇女节时发表了《我的妇女解放观》一文。新文化运动的先驱们提倡妇女解放,希望通过思想启蒙使封建文化禁锢下的中国女性成为人格独立、个性解放的新女性,因此出版了大量展示妇女生活、工作等方面情况的期刊和报纸。

图为部分展示妇女生活、工作等方面情况的期刊和报纸。

北大红楼日志

感悟

三月·八日

扫码听书

1919年3月9日,李大钊在《每周评论》第12号上发表调查文章《唐山煤厂的工人生活》。该文介绍了唐山煤厂工人的劳动条件、工钱等情况,指出"工人的生活,尚不如骡马的生活;工人的生命,尚不如骡马的生命了"。

图为《每周评论》第12号上刊登的《唐山煤厂的工人生活》。

北大红楼日志

感悟

三月·九日

扫码听书

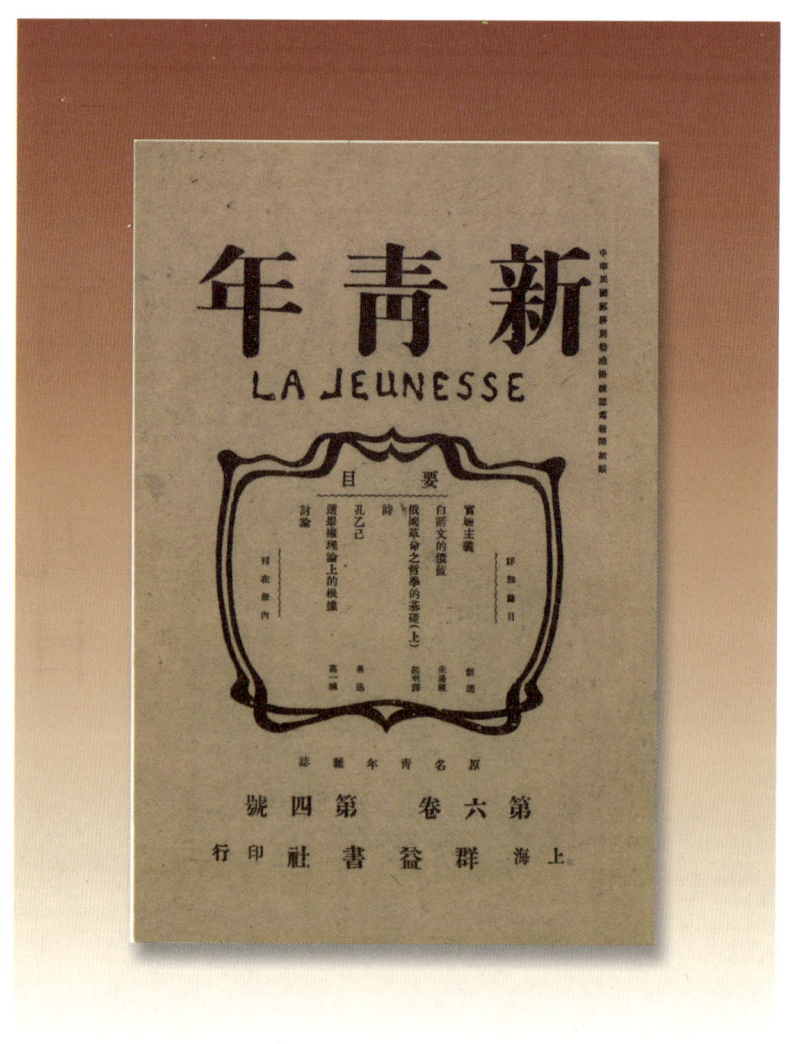

1919年3月10日,鲁迅在日记中记载:"录文稿一篇讫,约四千余字,寄高一涵并函"。这篇文稿就是《孔乙己》,后来发表于《新青年》第6卷第4号。

图为《新青年》第6卷第4号。

北大红楼日志

感悟

三月·十日

扫码听书

1920年3月11日,陈独秀致友人的信中提到:"《新青年》七卷六号的出版日期是五月一日,正逢Mayday佳节,故决计做一本纪念号"。

图为《新青年》第7卷第6号"劳动节纪念号"。

北大红楼日志

感悟

三月·十一日

扫码听书

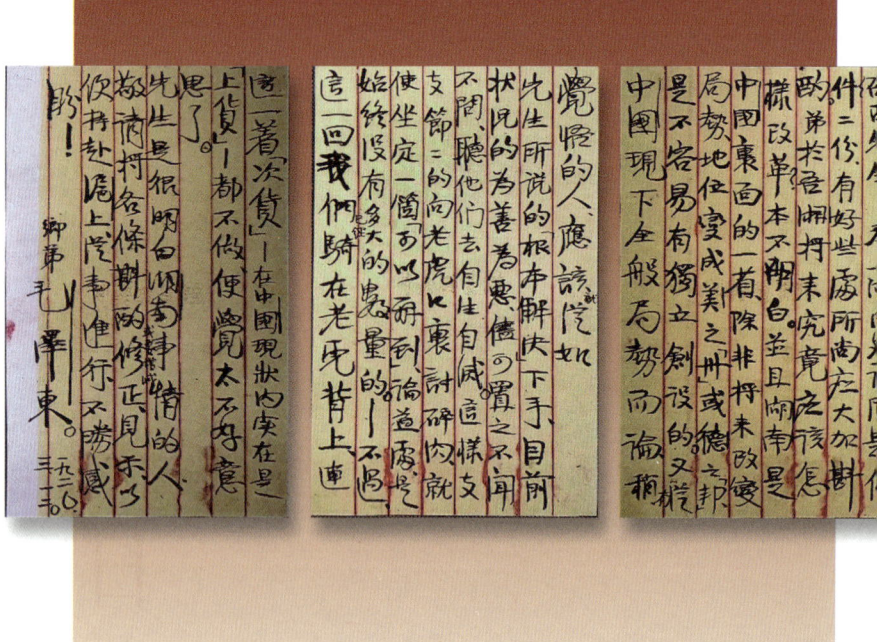

1920年,旅京期间的毛泽东多次与他在湖南省立一师读书期间的老师黎锦熙会面,讨论改造中国究竟应该选择哪一种社会主义的问题,并将与彭璜起草的《湖南建设问题条件的商榷》寄去请教。

图为1920年3月12日毛泽东给黎锦熙的信。

北大红楼日志

感悟

三月・十二日

扫码听书

1921年3月13日,邓小平等留法勤工俭学生离开法国巴耶中学。此后,他们进入位于法国东部勒克勒佐的施奈德工厂做工。

图为位于法国东部勒克勒佐的施奈德工厂。

感悟

三月·十三日

扫码听书

1920年3月14日,平民教育讲演团第三次团员大会在北京大学二院召开,邓中夏主持。他提出"除城市讲演之外,并注重乡村讲演、工厂讲演",得到团员一致通过。这一提议,扩大了讲演的范围,促使团员走向工厂和乡村,开始了与工农群众相结合的最早尝试。

图为《北京大学日刊》上刊登的《平民教育讲演团启事》,平民教育讲演团准备开展农村讲演。

北大红楼日志

感悟

三月·十四日

1918年3月15日,《新青年》刊载了钱玄同与刘半农所写的"双簧信"——《给新青年编者的一封信》和《复王敬轩》。为把文学革命引向深入,钱玄同化名"王敬轩",写信攻击《新青年》,再由刘半农对其进行批驳。这出自导自演的"双簧戏",把文学革命的论争引向了高潮。

图为刘半农(右)与钱玄同(左)工作时的照片。

北大红楼日志

感悟

三月·十五日

扫码听书

关于北京社会主义青年团
活动情形致王怀庆报告

为报告事：窃三月十六日早，由陈德荣电招，谦于下午二时到北大第二院共产主义青年团会议。谦此为第一次到青年团大会，须有二团员介绍，故谦于一时到陈德荣处，约王伯时同往。适值无政府党陈廷瑢、黄兼生、陈友琴、郤光典等在座，讨论将来统一会议之通知书，订期八月十号至二十号在汉口或广东召集，以便合力进行，谦亦签名"伊知"。发起人又议如何联合或攻击陈独秀之方法，因独秀与广东无政府党势同仇敌，每日在广东《群报》《青年团报》与《晨报》《互助团报》两相攻击，然独秀又来函至京，甚为和蔼，联络凌霜、廷瑢等人，议决由北京方面去书独秀，劝勿自相伤斗，总以协力推倒现政府为要，如其再事反对，则进为排斥论。因阅广东报论说，遂迟至二时四十分，谦方与廷瑢、德荣、伯时同到青年团会议。查是日到会者共二十四人，探知其姓名者如罗章龙、李一志、徐六几、张作陶、顾文仪、徐文义、郭文华、宋价、何孟雄及北大图书馆主任李大钊、廷瑢、伯时、德荣。由书记报告，俄国少年共产人格林现年不过二十岁，住天津，时来北京，住灯市口十二号，已来京两星期之久，今来函陈述赴津有事，不克莅会，惟希望我们即日选出赴世界少年共产党大会代表，此次会期为四月二十五日，会址柏林，总机关或在莫斯科分处，说明川资由伊代垫云云。查期限已近，此次会议最关紧要，将来国际间运动与信用，是吾人必须

    1921年3月16日，北京社会主义青年团特别大会在北京大学第二院召开，李大钊等参加会议。会上，高君宇报告了少共国际东方部书记格林来华以及在京活动情况。会后，北京社会主义青年团致信国际少年共产党大会，称即将出席国际少年共产党大会。

    图为混入北京社会主义青年团组织的奸细关谦给北洋政府的告密情报。

北大红楼日志

感悟

三月·十六日

扫码听书

1918年3月17日，胡适在写给母亲的信中说："替《新青年》做了一篇一万字的文章……这篇文字将来一定很有势力"。这篇文章便是发表于《新青年》第4卷第4号的《建设的文学革命论》一文，文中以"国语的文学，文学的国语"来概括文学革命的宗旨。

图为《建设的文学革命论》。

北大红楼日志

感悟

三月·十七日

扫码听书

1919年3月18日，蔡元培撰写《致〈公言报〉函并附答林琴南君函》，回击林纾（林琴南）对北大的一批新文化运动倡导者及白话文运动的攻击。此前，林纾通过文言小说、致信蔡元培及《请看北京大学思潮变迁之近状》对白话文运动进行攻击。

图为《新潮》杂志第1卷第4号上刊载的《致〈公言报〉函并附答林琴南君函》。

北大红楼日志

感悟

三月·十八日

扫码听书

1920年3月19日,李大钊参加北京大学图书委员会会议。李大钊任北京大学图书馆主任后,引进了大量外文书籍,特别是引进了许多关于马克思主义、社会主义及俄国十月革命的著作。

图为北京大学图书馆引进的《共产党宣言》英文版。

北大红楼日志

感悟

三月·十九日

扫码听书

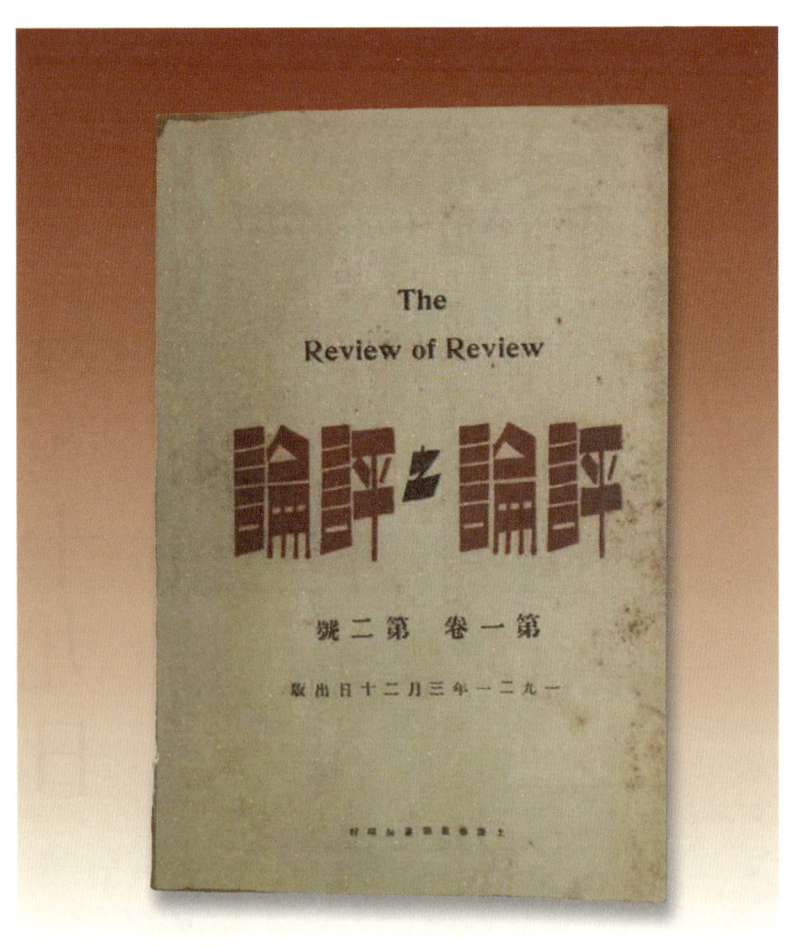

1921年3月20日,《评论之评论》第1卷第2号刊载了李大钊《中国的社会主义与世界的资本主义》一文。该文主要围绕当时的中国能否实行社会主义这一问题展开论述,其中明确指出中国应实行社会主义。

图为《评论之评论》第1卷第2号。

北大红楼日志

感悟

三月·二十日

扫码听书

何孟雄　　　　　缪伯英

1920年3月，缪伯英加入北京大学马克思学说研究会，同年成为北京社会主义青年团首批团员。此后，她又与何孟雄一起入党，成为中国共产党第一位女党员。

图为何孟雄与缪伯英。

北大红楼日志

感悟

三月·廿一日

扫码听书

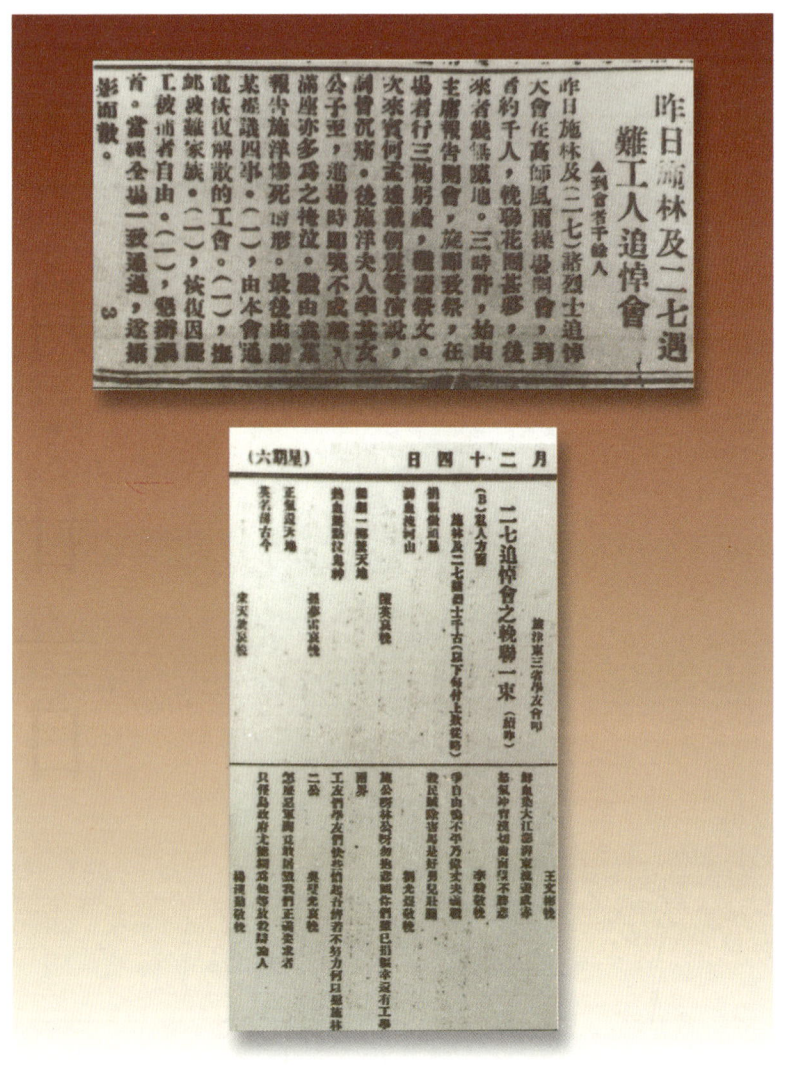

1923年3月22日,北京各界民众5000多人隆重举行"二七"死难烈士追悼大会。中国共产党、中国社会主义青年团、中国劳动组合书记部、民权大同盟等团体送了花圈与挽联。

图为当时《晨报》的报道和会场的挽联。

北大红楼日志

感悟

三月·廿二日

扫码听书

　　1919年3月23日，在李大钊的指导下，邓中夏、许德珩等北京大学学生创立了北京大学平民教育讲演团。该团以"增进平民智识、唤起平民之自觉心"为宗旨，以"教育普及"与"平等"为目标，征求志同道合的同学加入，共同致力于平民教育的推行。

　　图为北京大学平民教育讲演团部分成员合影。

北大红楼日志

感悟

三月 · 廿三日

扫码听书

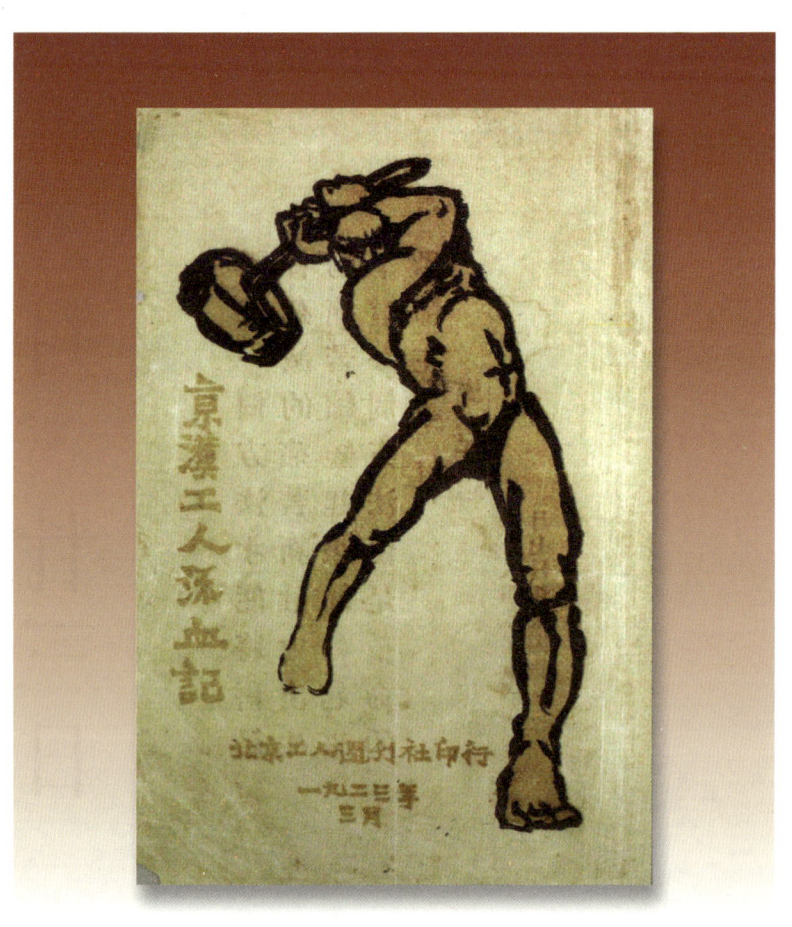

　　1923年3月24日，高君宇撰写了《工人们需要一个政党》一文，作为《京汉工人流血记》一书的后序。1923年二七惨案发生后，中共北京地委组织了万人声讨军阀、援助工人游行，这是自五四运动以来北京规模最大的一次群众游行。为揭露军阀罪行，中共东城支部和长辛店支部组织力量，由罗章龙执笔编写了《京汉工人流血记》，于1923年在北京出版。

　　图为罗章龙编写的《京汉工人流血记》。

北大红楼日志

感悟

三月·廿四日

扫码听书

1921年3月，北京的共产党早期组织成员张太雷同维经斯基一起赴俄，成为派赴共产国际的第一个中国共产党早期组织成员。张太雷到俄后，担任共产国际远东书记处中国科科长，负责共产国际与中国共产党的联系。

图为张太雷。

北大红楼日志

感悟

三月·廿五日

扫码听书

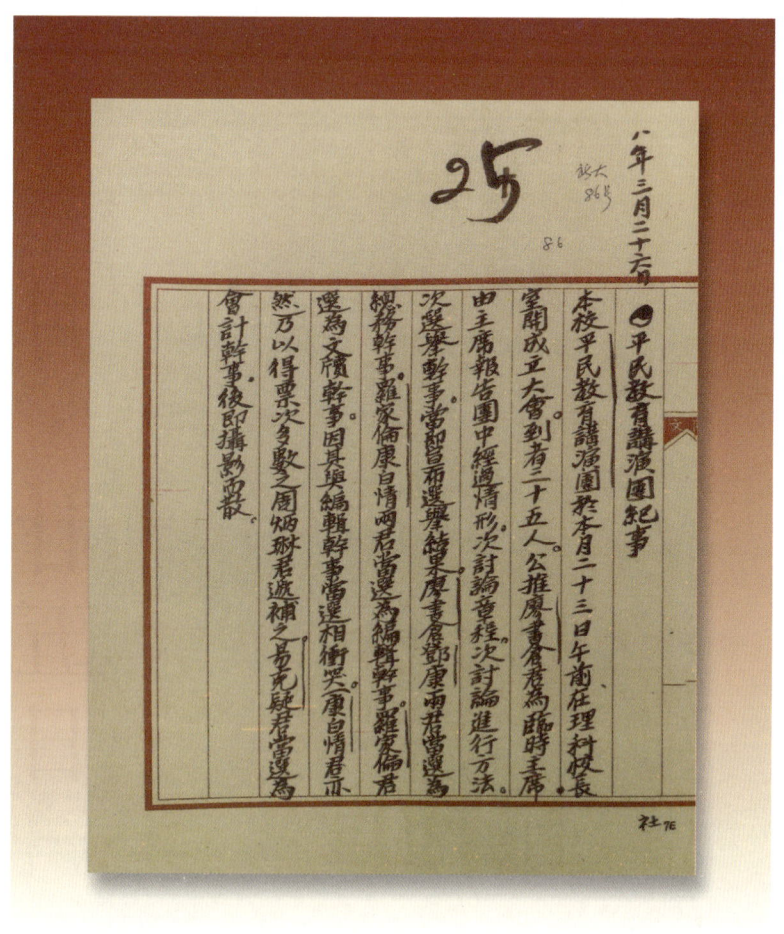

1920年3月,邓中夏与朱务善等率北京大学平民教育讲演团到卢沟桥、长辛店、通县(今通州)等地并沿京汉铁路南下去保定、石家庄的工厂、农村演讲,宣传马克思主义和俄国十月革命的胜利,"鼓励工人团结起来,向资本家要条件",借此机会与工人、农民建立了联系。

图为1919年3月26日《北京大学日刊》上刊载的《平民教育讲演团纪事》手写稿。

北大红楼日志

感悟

三月·廿六日

扫码听书

1920年3月27日,农村讲演筹备会在北京大学平民教育讲演团事务所召开,讨论北京大学春假期间开展农村演讲的有关事项。邓中夏主持会议。会上,邓中夏提出了农村讲演的八条办法。

图为《北京大学日刊》上刊载的《平民教育讲演团启事》。

北大红楼日志

感悟

三月·廿七日

扫码听书

1925年3月28日，贺昌撰写的悼念高君宇的文章《悼我们的战士！》发表于《中国青年》，署名其颖。文章赞扬高君宇："他那热烈的革命精神，仍徘徊于吾人之前！"当月4日，高君宇因患急性阑尾炎逝世，年仅29岁。

图为《中国青年》上刊载的《悼我们的战士！》。

北大红楼日志

感悟

三月·廿八日

扫码听书

1919年3月29日,蔡元培作《战后中国之教育问题》的讲演,批评当时不允许男女同校的教育弊端:"言女子教育,则高等教育既不许男女同校,又不为女子特设"。次年元旦,他又在谈话中表示"女学生尽可投考,如程度及格亦可录取"。

图为《中华新报》报道的蔡元培关于北京大学招收女生的谈话。

北大红楼日志

感悟

三月·廿九日

扫码听书

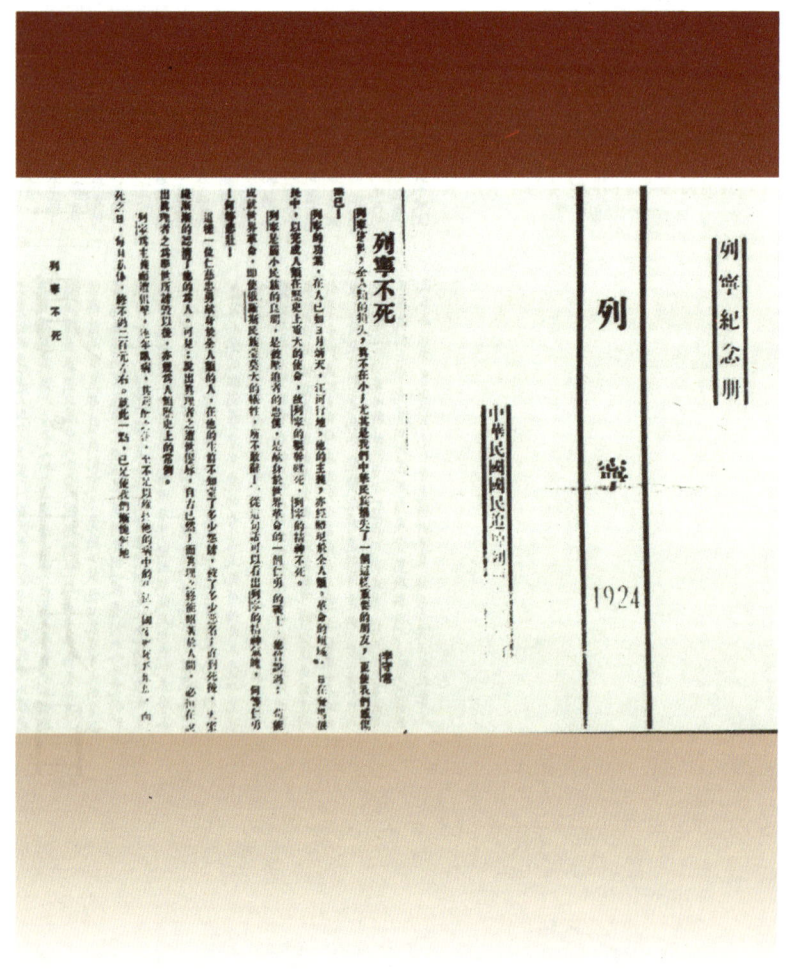

1924年3月30日,北京各界举行追悼列宁大会,李大钊担任大会主席。他在《列宁不死》一文中指出:"列宁的功业,在人已如日月炳天,江河行地。他的主义,亦经体现于全人类。革命的组织,日在发扬滋长中,以完成人类在历史上重大的使命,故列宁的躯干虽死,列宁的精神不死。"

图为李大钊撰写的《列宁不死》纪念文。

北大红楼日志

感悟

三月·三十日

扫码听书

1920年3月,北京大学马克思学说研究会在北京大学成立。该会以北京大学的两间房屋为活动场所,一间做办公室,一间做图书室。图书室取名"亢慕义斋"。据罗章龙回忆,"亢慕义"是德文音译,"亢慕义斋"就是"共产主义小室"(Das Kammunistsches Zimmer)。此外,"亢慕义"同英文communism(共产主义)的发音也很接近。

图为"亢慕义斋"旧址。

北大红楼日志

感悟

三月·卅一日

扫码听书

四月

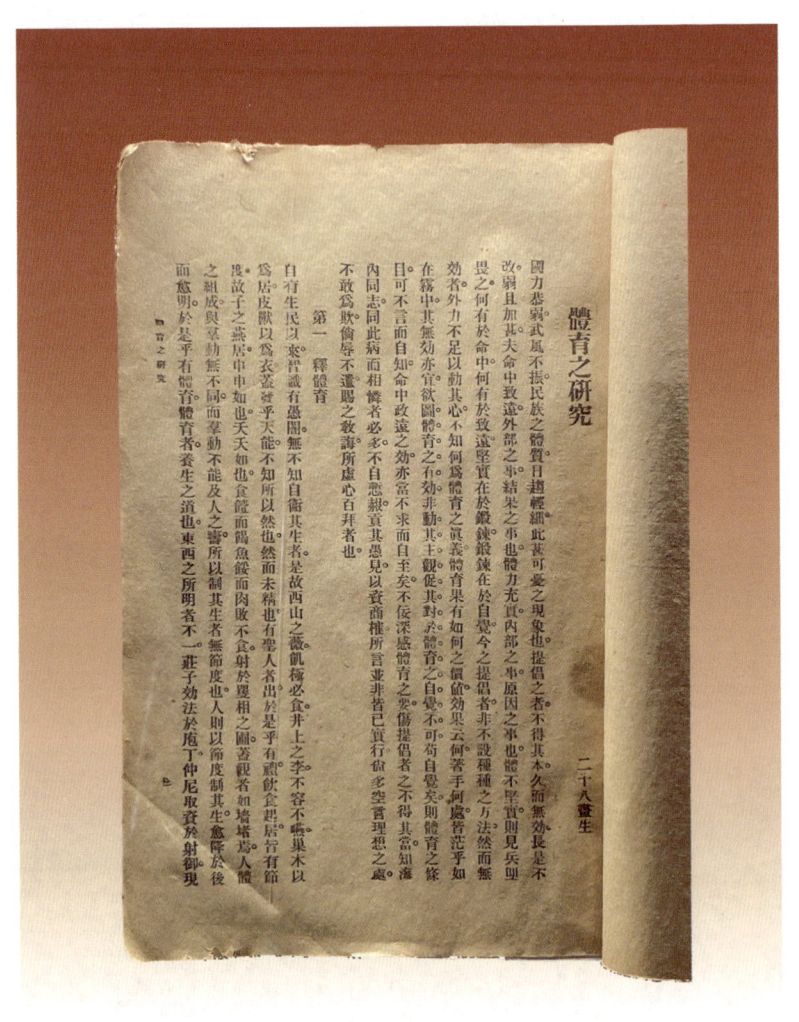

1917年4月1日,毛泽东在《新青年》第3卷第2号上发表文章《体育之研究》,署名"二十八画生"。他在文章中指出:"文明其精神,野蛮其体魄。此言是也。欲文明其精神,先自野蛮其体魄;苟野蛮其体魄矣,则文明之精神随之。"

图为《新青年》第3卷第2号上刊载的《体育之研究》。

北大红楼日志

感悟

四月·一日

扫码听书

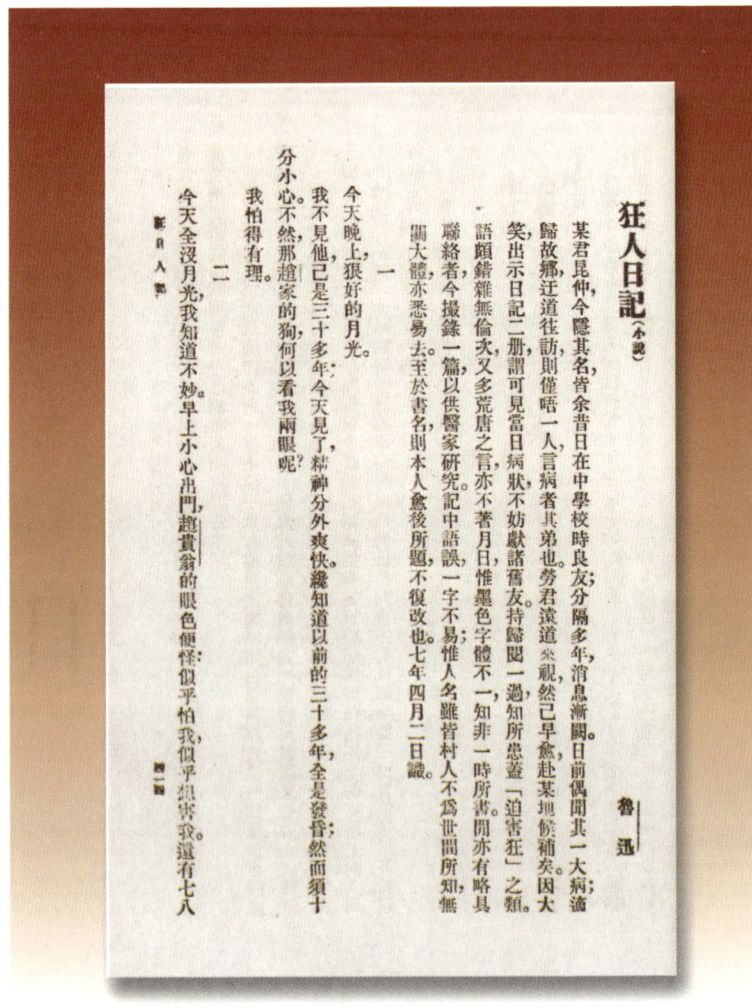

1918年4月2日,鲁迅撰写《狂人日记》,发表在次月的《新青年》第4卷第5号上。《狂人日记》是中国第一部现代白话文小说,在中国近现代文学史上有着重要的地位和影响。

图为《新青年》第4卷第5号上刊载的《狂人日记》。

北大红楼日志

感悟

四月·二日

扫码听书

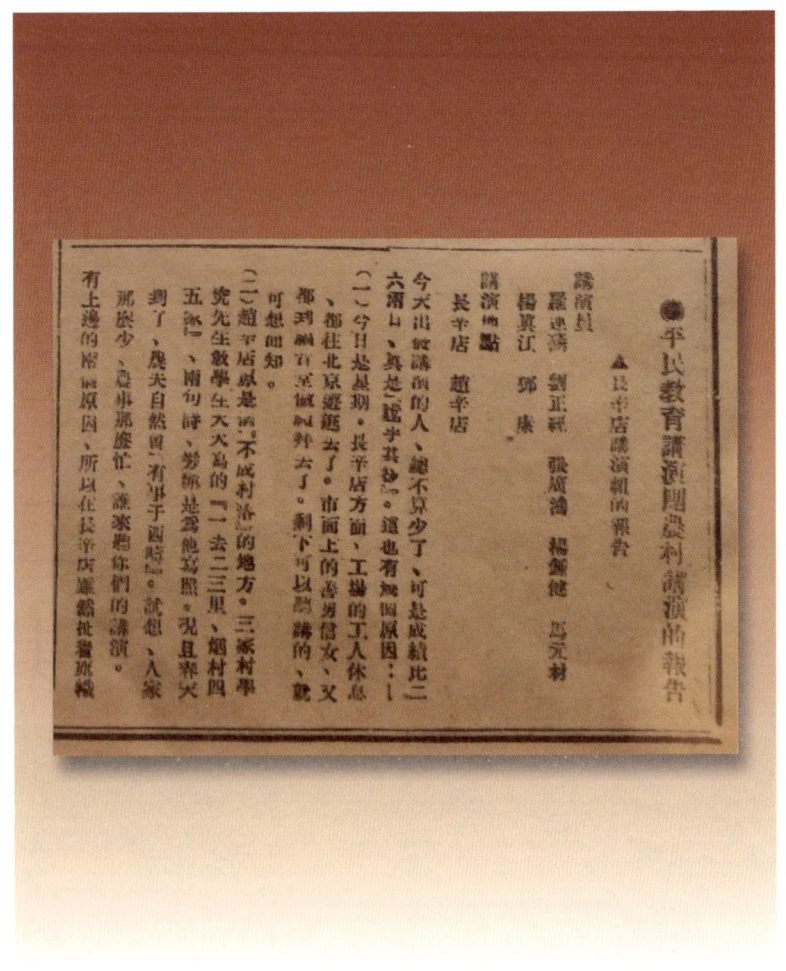

1920年4月3日，北京大学平民教育讲演团分成四组，举行第一次乡村讲演会，邓中夏带领第二组前往长辛店演讲。5天后，邓中夏再次带领第二组前往长辛店，受到铁路工厂工人史文彬等人的热情接待。

图为《北京大学日刊》上刊登的邓中夏撰写的《长辛店讲演组的报告》。

北大红楼日志

感悟

四月·三日

扫码听书

1922年4月4日,世界基督教学生同盟第十一次大会开幕,李大钊、邓中夏等人发表《非宗教者宣言》,提出"我们相信在宗教迷信之下,真理不能昌明,自由不能确保"。

图为《非宗教论》目录。该书收入李大钊、陈独秀、罗章龙、萧子升等人的文章及演说词共31篇,反映了他们的宗教观。

北大红楼日志

感悟

四月·四日

扫码听书

1920年4月5日,李大钊应邀在复旦大学发表演讲《史学与哲学》。他在演讲中指出:唯物史观"给我们新鲜的勇气,给我们乐观迈进的人生观"。

图为复旦大学旧照。

北大红楼日志

感悟

四月·五日

扫码听书

1920年4月6日，北京大学平民教育讲演团的朱自清、杨钟健等一批有革命理想的青年人到通县城里的闸桥、万寿宫进行演讲，宣传马克思主义。朱自清演讲的题目是《平民教育是什么》和《靠自己》。

图为《北京大学日刊》上刊登的《通县讲演组报告》。

北大红楼日志

感悟

四月·六日

扫码听书

1921年4月7日,《共产党》月刊第3号在"短言"栏目继续批判无政府主义。为提高青年知识分子思想觉悟,李大钊与陈独秀等一起,同无政府主义者进行了坚决斗争。从1920年到1922年,《新青年》《共产党》等杂志发表大量同无政府主义论战的文章。

图为《共产党》月刊。

中国共产党早期北京革命活动纪念馆
北大红楼日志

感悟

四月·七日

扫码听书

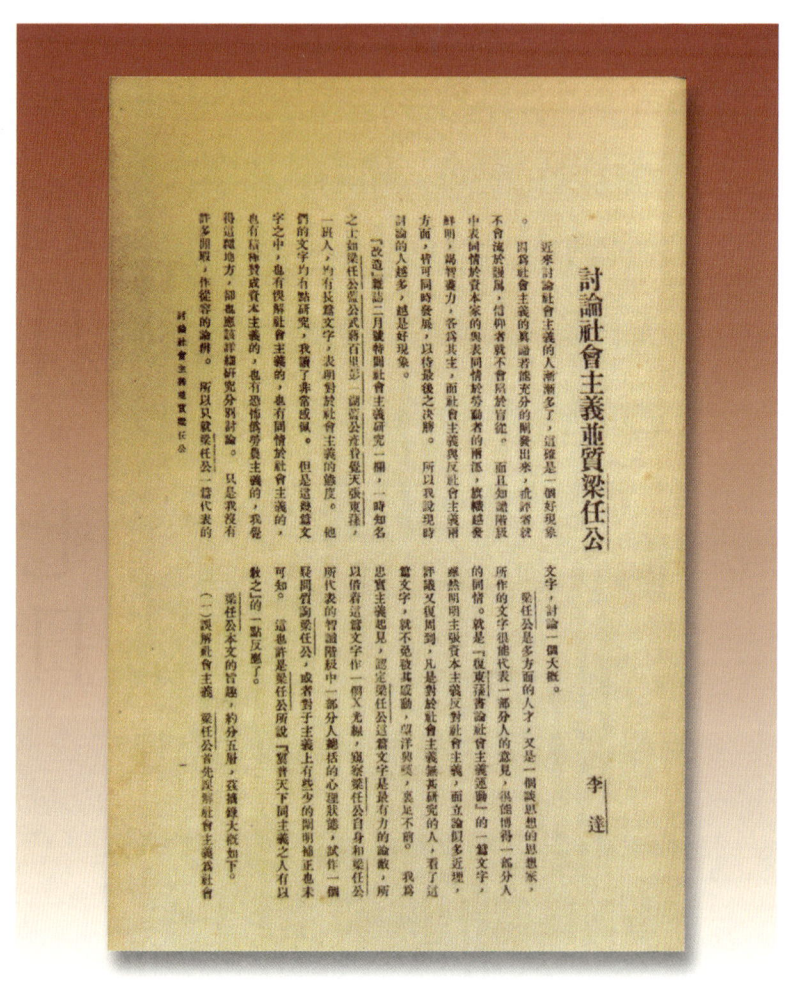

1921年4月8日,李达发表《讨论社会主义并质梁任公》一文,反驳梁启超(梁任公)等人鼓吹的基尔特社会主义观点,指出中国发展必须发展实业,但要改变中国的落后状态,出路在社会主义。

图为《讨论社会主义并质梁任公》。

北大红楼日志

感悟

四月 · 八日

扫码听书

　　1922年4月9日,邓中夏受北京党组织委派赴长辛店,出席在上坡店举行的长辛店工人俱乐部成立大会。邓中夏发表演讲,号召工人在俱乐部的领导下:"吾俱乐部成立之后,必须和衷共济,以图发展,使全国一致,绝不受任何方面的利用"。

　　图为长辛店工人俱乐部牌子。

北大红楼日志

感悟

四月·九日

扫码听书

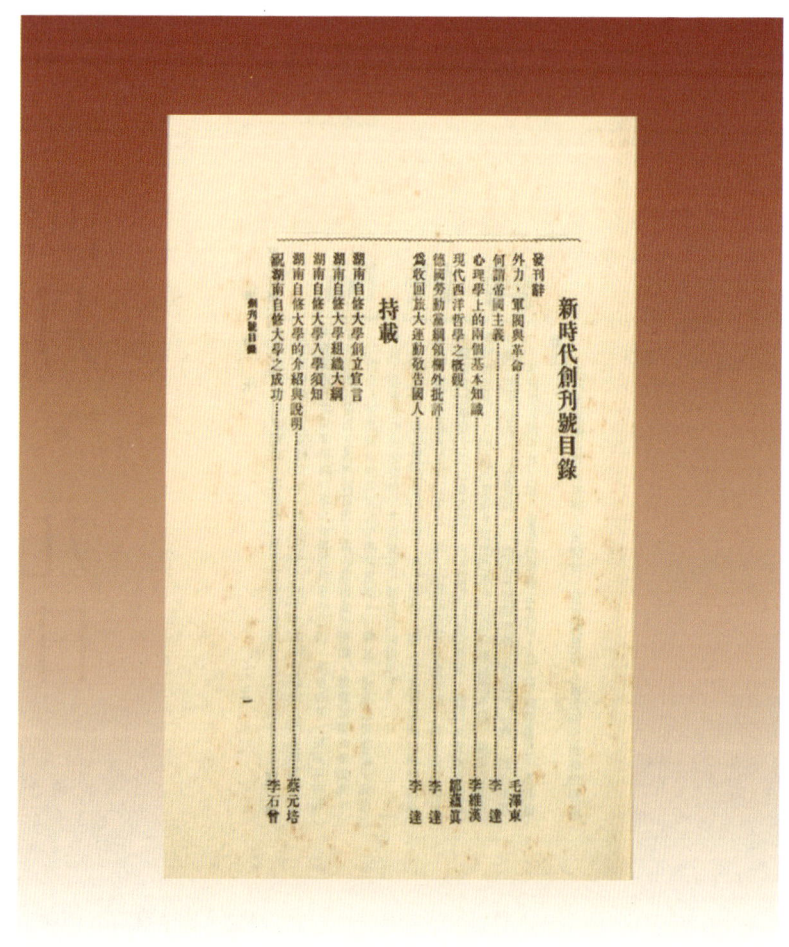

1923年4月10日,毛泽东同李达等创办的湖南自修大学校刊《新时代》创刊号出版。毛泽东在该创刊号上发表《外力、军阀与革命》一文,文章指出我国存在三派势力:革命的民主派、非革命的民主派、反动派。

图为《新时代》创刊号目录。

北大红楼日志

感悟

四月·十日

扫码听书

1920年4月11日,毛泽东离开北京前往上海。在上海期间,毛泽东与陈独秀见面并讨论关于组织湖南改造促成会的计划和读过的马克思主义书籍。多年后,毛泽东在同斯诺的谈话中表示:"陈独秀谈他自己的信仰的那些话,在我一生中可能是关键性的这个时期,对我产生了深刻的印象"。

图为毛泽东在上海期间的寓所旧址及门牌号。

北大红楼日志

感悟

四月·十一日

扫码听书

1920年4月,维经斯基受俄共(布)远东局派遣来华。他在北大红楼与李大钊会晤,介绍苏俄十月革命以来的情况及其对外政策,多次讨论建立中国共产党的问题。

图为维经斯基。

北大红楼日志

感悟

四月·十二日

扫码听书

　　1919年4月13日,《每周评论》第17号开辟专栏,对林纾反对新文化的言论进行回击。此前,林纾在《新申报》上发表文言小说《荆生》《妖梦》,以影射手法抨击陈独秀、胡适等,并谩骂新文化运动中批判孔子、提倡白话文为"禽兽自语"。

　　图为《每周评论》第17号的专栏"对于新旧思潮的舆论"。

北大红楼日志

感悟

四月·十三日

扫码听书

1918年4月14日,毛泽东、蔡和森、萧子升等在长沙溁湾镇刘家台子成立进步团体——新民学会。新民学会积极推动湖南五四爱国运动,孕育了一批马克思主义者,为创建长沙的共产党早期组织做了思想上、组织上的准备,78名会员中有37人加入了中国共产党。

图为新民学会成立会旧址。

北大红楼日志

感悟

四月·十四日

扫码听书

1921年4月15日，邓中夏在《少年中国》上发表新诗《游工人之窟》。诗中记述了他在长辛店参观考察的感受，热情歌颂了工人阶级是创造世界的主人："世界不是劳动的艺术品吗？没有劳动，就没有世界。"

图为邓中夏的《游工人之窟》。

北大红楼日志

感 悟

四月·十五日

扫码听书

1918年4月16日，《北京大学日刊》刊登了《校役夜班开学详情·校役夜课开学式演说》。在蔡元培的平民教育思想影响下，许多学生积极为校役夜班讲课、举办演说，直接推动了平民教育讲演团的诞生。

图为《校役夜班开学详情》一文。

北大红楼日志

感悟

四月·十六日

扫码听书

　　1921年4月，张申府、赵世炎、周恩来、刘清扬等在法国巴黎组建了旅欧共产主义小组。1919年初到1920年底，一部分先进的知识分子留法期间接受了马克思主义，组织了旅欧共产主义青年团和中国共产党旅欧支部，他们在回国后成为中国共产党的领导骨干。

　　图为旅欧共产主义小组成员张申府、刘清扬、周恩来与赵光宸的合影（左起）。

北大红楼日志

感悟

四月·十七日

扫码听书

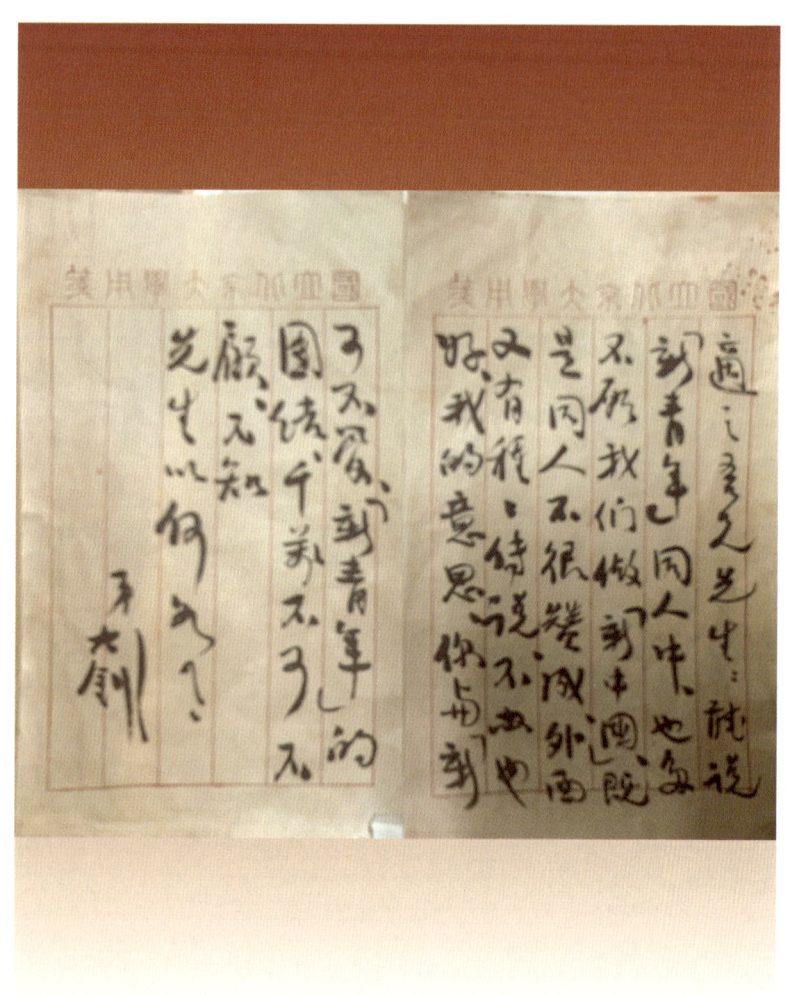

1919年4月,李大钊致信胡适,表示希望与胡适加强团结,办好《新青年》为文学革新奋斗。此前,北洋政府企图扼杀新文化运动,通过报纸散布北京大学教授陈独秀、胡适、钱玄同、刘半农因《新青年》鼓吹文学革命而被驱逐出校的谣言。

图为李大钊致胡适的信。

北大红楼日志

感悟

四月·十八日

扫码听书

国故和科学的精神

毛子水

一、什麼是國故呢

什麼是國故呢？我們倘若把這個問題問起那些講國故的人所得的回答恐怕沒有相同的。有些必定說國故就是"三綱五常"，有些必定說國故就是"四書五經"，有些必定說"學海堂經解"是國故，更有些必把"駢儷文鈔""古文辭類纂""鐘鼎款識"……等東西當作國故。無論這些回答裏面，那些是對，那些是錯，我們要先知道清楚什麼叫得國故。我們現在講到這個題目當然要先知道清楚什麼叫得國故。國故這個名詞沒有很清楚很一定的意義，就可從此知道了。章太炎先生的國故論衡，在近來討論國故的書籍裏面縱未必是最精審的亦必是最精審的一種了。這部書分爲三卷：上卷論語言文字，中卷論文學，下卷論學術思想。語言文字和文學都是發表學術思想的器具，所以國故論衡這部書，可以說得就是中國古代的——或固有的——學術思想的論衡。我們倘若根據章太炎先生的意思，我們就可以說"國故就是中國古代的學術思想"。但是照我的意思，中國民族過去的歷史，章先生的書裏雖然沒有論到，亦正當的可以叫得國故。因此我們得着國故的定義如下：

國故就是中國古代的學術思想和中國民族過去的歷史。

二、國故在今日世界學術思想上的位置

國故已然是中國民族過去的學術思想和歷史，我們當然可以說他像現在的何種，或等于現在的何種！學術。因爲除了歷史不講外，我們倘若把中國舊有的書籍照現在科學的分類分配起來，

七三三

1919年4月19日，北京大学学生、新潮社社员毛子水撰写《国故和科学的精神》一文，提出"研究国故必须有'科学的精神'的人"，主张用科学思想和科学方法来研究学术思想和历史文化。

图为《国故和科学的精神》。

北大红楼日志

感悟

四月·十九日

扫码听书

1919年4月20日,陈独秀在《每周评论》第18号上发表《二十世纪俄罗斯的革命》一文,指出:"十八世纪法兰西的政治革命,二十世纪俄罗斯的社会革命,当时的人都对着他们极口痛骂;但是后来的历史家,都要把他们当做人类社会变动和进化的大关键。"

图为《每周评论》第18号上刊登的《二十世纪俄罗斯的革命》。

北大红楼日志

感悟

四月·二十日

扫码听书

1919年4月21日,旨在推行国语的国语统一筹备会在北京成立。会上,刘半农提出了由他草拟的《国语统一进行方法的议案》。

图为筹备会会员合影(1排左7蔡元培,2排左1胡适,3排左5钱玄同,4排左4刘半农)。

北大红楼日志

感悟

四月·廿一日

扫码听书

　　1925年4月22日,《新青年》"列宁号"出版。自1925年4月至1926年7月,《新青年》进入不定期刊阶段,共发行5期。在"列宁号"上刊登的文章有:斯大林《列宁主义概论》(瞿秋白译)、陈独秀《列宁主义与中国民族运动》、列宁《专政问题的历史观》(郑超麟译)、任弼时《列宁与青年》等。

　　图为《新青年》"列宁号"。

北大红楼日志

感悟

四月·廿二日

扫码听书

图書館主任李大釗先生之像

1924年4月23日,《民国日报》报道:"云南旅京学会图书馆举行开幕典礼……继由北大图书馆主任李大钊讲演,略谓自五四学生运动后,人每以学生注重政治运动、社会运动,恐于学业有所荒芜,但据吾人考查,确有不然。诚如先哲所云,真正能读书者,真正能做事;真正能做事者,真正能读书,今日贵会图书馆成立即其明证也"。

图为担任北京大学图书馆主任时的李大钊。

北大红楼日志

感悟

四月·廿三日

扫码听书

　　1922年4月24日,《北京大学日刊》刊登北京大学马克思学说研究会图书馆通告:"新到英文书籍七十余种,杂志十余种并德文书籍杂志七八十种"。搜集和翻译马克思主义书籍是北京大学马克思学说研究会的主要任务之一,除向北大图书馆借阅外,还由会员自由捐款购买。

　　图为北京大学马克思学说研究会收藏的部分马克思主义书籍,封面盖有"亢慕义斋图书"印。

北大红楼日志

感悟

四月·廿四日

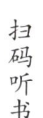
扫码听书

1919年4月25日，鲁迅撰写小说《药》，以辛亥革命前夕的社会为背景，揭示了革命脱离群众、群众不理解革命的情形，从而表现了中国资产阶级领导的旧民主主义革命必然失败的历史命运，给已经到来的新民主主义革命提供了借鉴。

图为《新青年》第6卷第5号上刊载的《药》。

北大红楼日志

感悟

四月·廿五日

扫码听书

1920年4月,北京大学马克思学说研究会成员罗章龙受李大钊委派,两次到唐山,会见唐山早期工人运动代表邓培,与唐山工人建立了联系。1922年,经中共北京区委批准,中共唐山地方委员会正式成立,邓培任书记。

图为中共唐山地方委员会所在地——唐山解放路原礼字胡同5条7号。

北大红楼日志

感悟

四月·廿六日

扫码听书

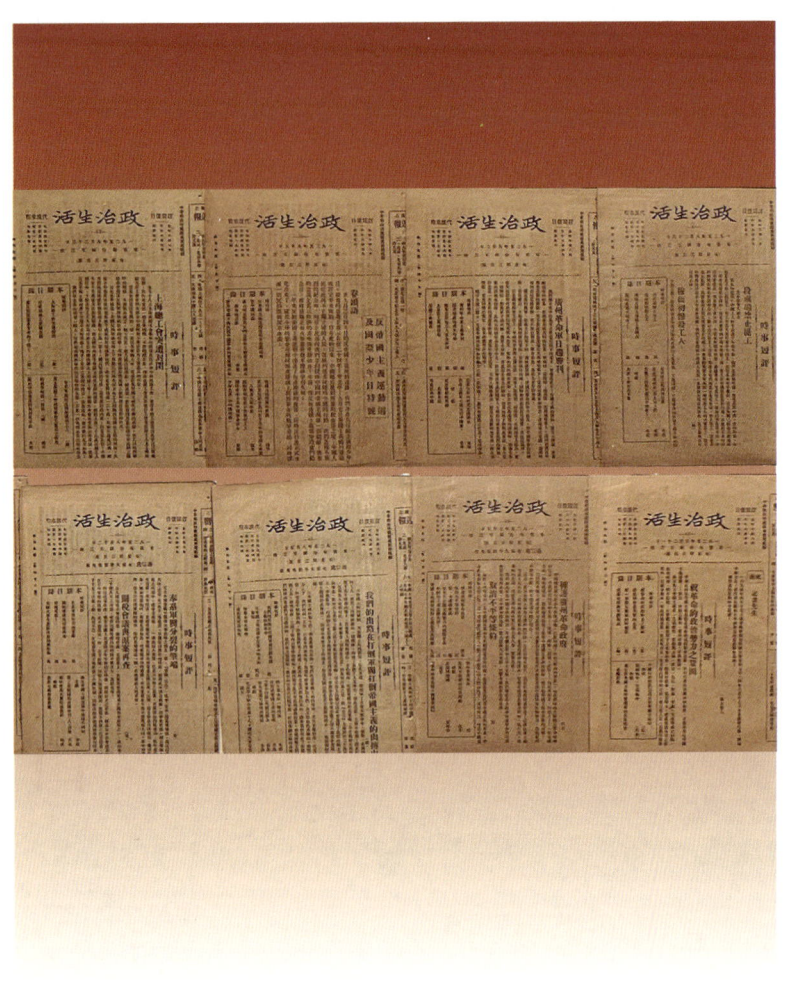

　　1924年4月27日，中共北京区委兼地委创办《政治生活》周刊，主要记录早期中共党员对中国革命的探索，全刊以评论时政为主，同时也注重对马列主义理论的宣传。作为党刊，它对传达中共中央政策、坚持及时地把党的声音传达到党员群众中去、统一党员的思想认识起到了重要作用。

　　图为《政治生活》周刊。

北大红楼日志

感悟

四月·廿七日

扫码听书

1927年4月，李大钊在北京遭到奉系军阀张作霖的逮捕。面对敌人的威胁利诱，他大义凛然、坚贞不屈。当月28日，李大钊从容就义，年仅38岁。他在《狱中自述》中说："钊自束发受书，即矢志努力于民族解放之事业，实践其所信，励行其所知"。

图为李大钊的《狱中自述》。

北大红楼日志

感悟

四月 · 廿八日

扫码听书

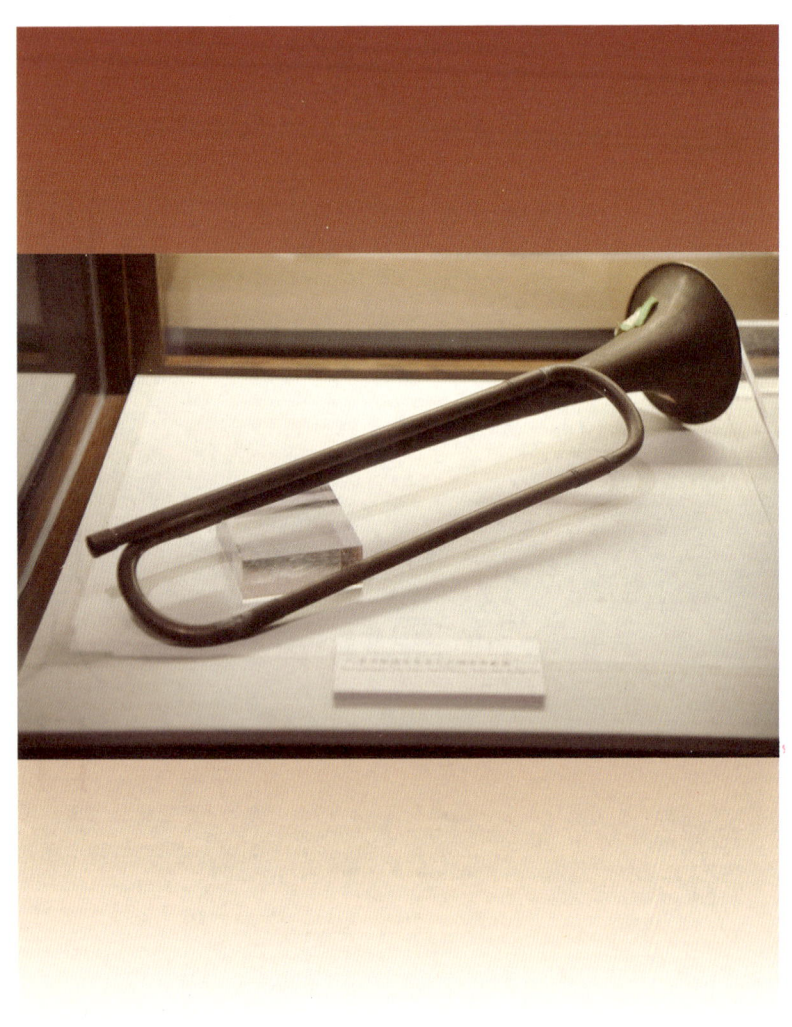

　　1921年4月底,邓中夏赴长辛店,召集劳动补习学校教员和史文彬等工人积极分子开会,研究纪念五一劳动节和指导工人筹备成立工会等事项。几天后的五一劳动节,长辛店铁路工人会宣告成立。同年10月,长辛店铁路工人会改名为政治色彩相对较淡的京汉铁路长辛店工人俱乐部,以俱乐部之名,行工会之实。

　　图为京汉铁路长辛店工人俱乐部使用的乐器。

北大红楼日志

感悟

四月·廿九日

扫码听书

  1919年4月30日,英、美、法三国最后议定了《凡尔赛和约》关于中国山东问题的条款,决定:"德国应将关于胶州领土内之民政、军政、财政、司法或其他各项档案、登记册、地图、证券及各种文件,无论存放何处,自本约实行起3个月内移交日本。"这一条款将德国在山东的特权移交给日本,完全牺牲了中国的利益,满足了日本的要求。

  图为巴黎和会现场。

北大红楼日志

感悟

四月·三十日

扫码听书

五月

1920年5月1日，李大钊、邓中夏、何孟雄、高君宇等积极组织了北京第一次纪念国际劳动节活动。这表明，马克思主义通过先进分子在工人中广泛传播，知识分子与工人阶级的结合越来越紧密。

图为北京大学国际劳动节纪念大会会场一角。

北大红楼日志

感悟

五月·一日

扫码听书

1919年5月2日，林长民发表《外交警报敬告国民》一文，向国民揭露了北洋政府的卖国行径，指出"胶州亡矣！山东亡矣！国不国矣！"并呼吁："国亡无日，愿合四万万民众誓死图之！"

图为北京《晨报》上刊登的《外交警报敬告国民》，该文报道了巴黎和会上中国外交失败的消息。

北大红楼日志

感悟

五月·二日

扫码听书

　　1919年5月3日晚,巴黎和会中国外交失败的消息传回国内后,北京大学学生和其他10余所学校的学生代表共千余人,在北京大学法科礼堂内紧急集合。当晚,新潮社成员在北大红楼集合赶制标语横幅以为5月4日的游行做准备。

　　图为"五四前夜"微缩景观。

北大红楼日志

感悟

五月·三日

扫码听书

1919年5月4日，北京大学、北京高等师范学校、北京法政专门学校等13所大中专学校的3000余名学生在天安门前集会，高呼"外争主权，内除国贼""取消二十一条""还我青岛"等口号，以北京学生斗争为先导的五四爱国运动爆发了。

图为北京大学学生队伍向天安门进发。

北大红楼日志

感悟

五月·四日

扫码听书

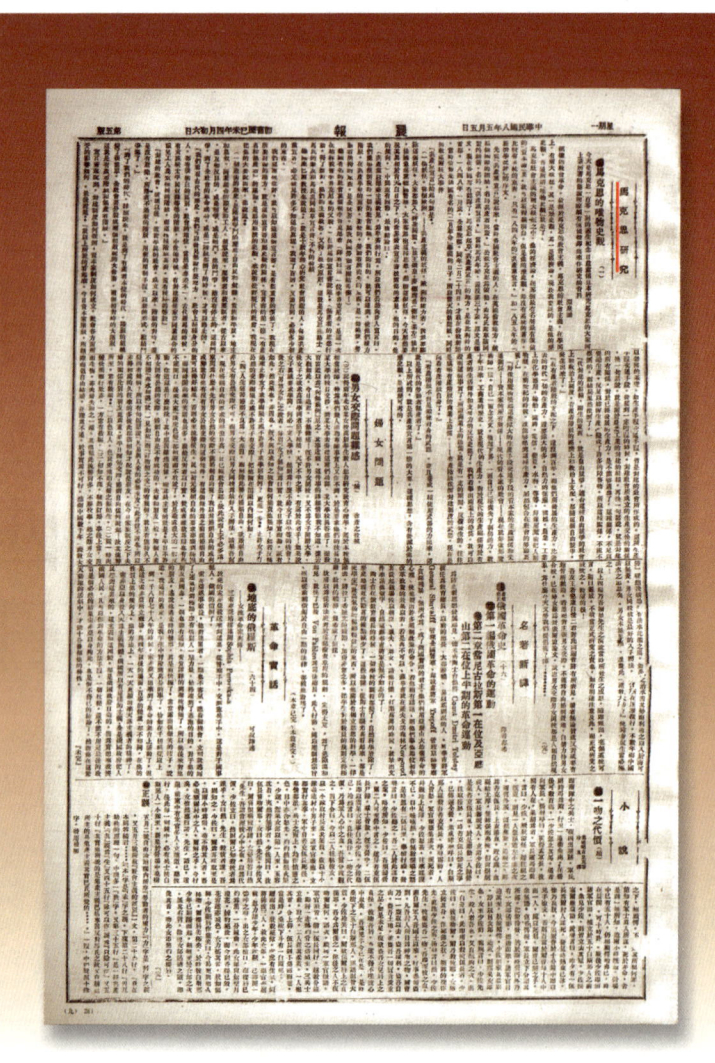

1919年5月5日,在李大钊的帮助下,《晨报》副刊增设"马克思研究"专栏。至同年11月11日,该专栏共办了6个多月,吸引了一批进步青年了解并接受马克思主义。

图为1919年5月5日《晨报》副刊的"马克思研究"专栏。

北大红楼日志

感悟

五月·五日

扫码听书

1919年5月6日,北京中等以上学校学生联合会成立,其推动学生反帝爱国运动有组织地发展。联合会会址设在北京大学二院,分评议、干事两部。邓中夏与高君宇作为北京大学学生代表参加学联,并被选为学联干事会宣传股主任,后来又担任学联的总务干事。

图为北京第四中学救亡大会留影。

北大红楼日志

感悟

五月·六日

扫码听书

1919年5月7日,在全国各界声援下,北京高等师范学校被逮捕的学生获释。北京大学全体学生在汉花园红楼北面广场召开大会,欢迎释放归来的20名本校同学。

图为北京大学师生热烈欢迎被捕同学出狱。

北大红楼日志

感悟

五月·七日

扫码听书

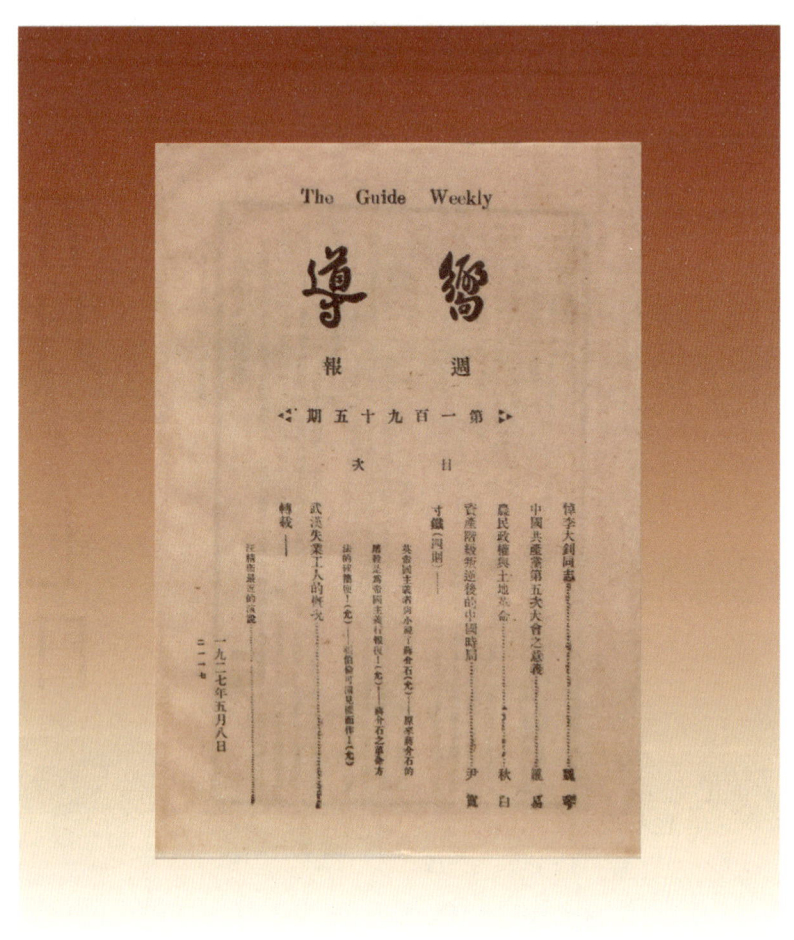

1927年5月8日，共产国际代表维经斯基署名魏琴在《向导》周报上发表《悼李大钊同志》一文。他指出，李大钊"是最勇敢的战士，为推翻一切反动势力而奋斗。他的名字早就为全中国革命者所认识了。他及其他同志的名字将为几百万北方的群众所牢记不忘。我们的英勇同志之死，愈加继起革命运动向前发展！"

图为《向导》周报第195期目录。

北大红楼日志

感悟

五月·八日

扫码听书

1915年5月9日,袁世凯政府基本接受了旨在灭亡中国的"二十一条"草案,后以该草案为基础,中日双方于同月25日签订协约,史称"五九国耻"。

图为中日双方代表签订协约时的合影。

北大红楼日志

感悟

五月·九日

扫码听书

　　1914年5月10日，章士钊在日本东京创办《甲寅》杂志，因该年为中国农历甲寅年，故名。杂志封面为一个纹饰古雅的巨型木铎，中间是苍劲凝重的杂志中文名。木铎下方是一只矫健的黄斑老虎，木铎上方是杂志英文名——"The Tiger"，故该杂志又称"老虎报"。

　　图为《甲寅》杂志。

北大红楼日志

感悟

五月·十日

扫码听书

　　1919年5月11日，陈独秀在《每周评论》第21号上发表《对日外交的根本罪恶——造成这根本罪恶的人是谁？》，指出国民斗争的矛头应该指向卖国政府，而不要仅仅局限于曹汝霖、章宗祥、陆宗舆等几个卖国贼。1919年，五四运动爆发后，陈独秀从5月4日至6月8日，先后在《每周评论》上发表了7篇文章和33篇随感录，表达自己对爱国运动的看法。

　　图为《每周评论》第21号。

北大红楼日志

感悟

五月·十一日

扫码听书

1919年5月12日，上海《时报》刊载了《南京国耻纪念详记》，介绍了南京为纪念"五九国耻"、声援五四运动举办的纪念大会和游行示威活动。陶行知在《南京国耻纪念会演说大旨》中呼吁"应当进行事件有六"：一要"归还青岛"；二要"不承认密约"；三要"保全北大"；四要"释放学生"；五要"扩张教育"；六要"振兴实业"。

图为《南京国耻纪念详记》。

中国共产党早期北京革命活动纪念馆
北大红楼日志

感悟

五月·十二日

扫码听书

1919年5月13日,北京大学学生将"消费公社"储藏的日货,全数搬运到北京大学红楼后面的操场上当众烧毁,并宣读和散发了抵制日货的宣言和传单。

图为五四运动时期的纪念章。

北大红楼日志

感悟

五月·十三日

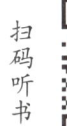
扫码听书

1919年5月14日，上海《申报》报道上海颜料、花纱、煤炭等行业为声援五四运动开始组织抵制日货、停止与日商交易等活动。同日，北京中等以上学校学生联合会在《致各省各团体电》中指出："'五四运动'是为敌忾心之激发，亦即我四千年光荣之民族性之表见"。这是"五四运动"一词首次被使用。

图为国民大会上海事务所为抵制日货铲除国贼印发的《警告同胞》传单。

北大红楼日志

感悟

五月·十四日

扫码听书

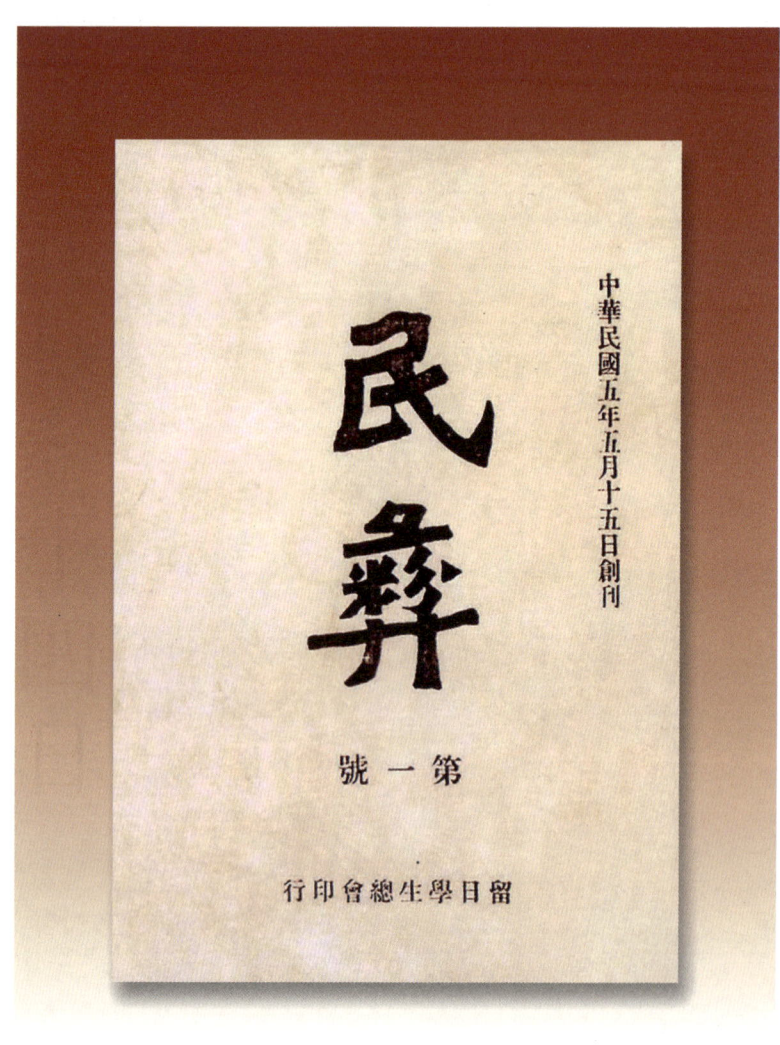

　　1916年5月15日,留日学生总会机关刊物《民彝》杂志在日本东京创刊,李大钊担任主编,并发表《民彝与政治》一文,批判了为封建宗法制度服务的政治与文化。

　　图为《民彝》杂志创刊号。

北大红楼日志

感悟

五月·十五日

扫码听书

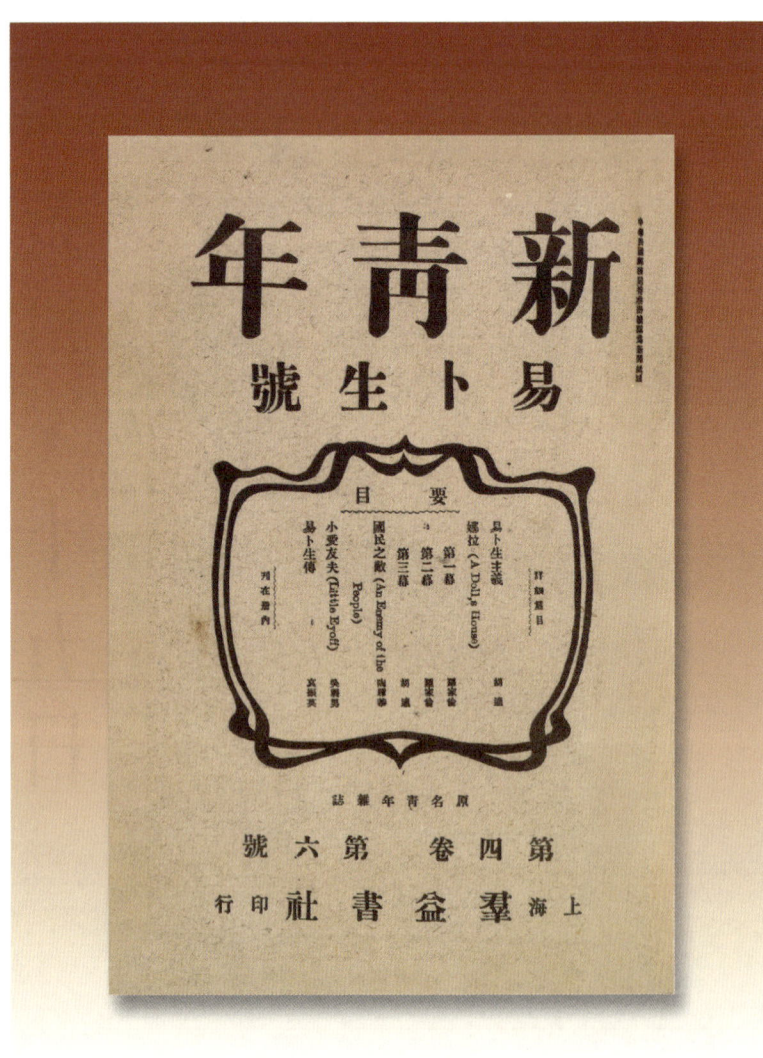

1918年5月16日,胡适撰写《易卜生主义》一文。同年6月,该文刊登于《新青年》第4卷第6号"易卜生号"。专号一出,即在当时的知识界和思想界产生极大反响,掀起一股"易卜生热"。图为胡适编辑的"易卜生号"。

北大红楼日志

感悟

五月·十六日

扫码听书

1924年5月,李大钊所著《史学要论》一书出版。该书系统阐述了马克思主义唯物史观的基本内容,被认为是中国第一部马克思主义的史学理论著作。

图为商务印书馆出版的李大钊《史学要论》。

感悟

五月·十七日

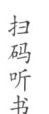

扫码听书

1919年5月18日,《每周评论》第22号刊载李大钊撰写的《秘密外交与强盗世界》一文,指出:"我们反对欧洲分赃会议所规定对于山东的办法,并不是本着狭隘的爱国心,乃是反抗侵略主义,反抗强盗世界的强盗行为……改造强盗世界,不认秘密外交,实行民族自决。"文章深刻揭露了帝国主义的侵略本质,进一步指出了中国人民的斗争目标。

图为《每周评论》第22号上刊载的《秘密外交与强盗世界》。

北大红楼日志

感悟

五月·十八日

扫码听书

1919年5月19日，北京学生联合会决定全体总罢课。在《罢课宣言》中，学生历数了北洋政府的倒行逆施，归纳为"三失望"："未见政府有决心不签字之表示"；对曹汝霖、章宗祥、陆宗舆"宠令慰留之，表彰其功德"；"以军威警备学生，禁学生干政"。

图为北京《晨报》上刊登的北京学生罢课宣言及上总统书。

北大红楼日志

感悟

五月·十九日

扫码听书

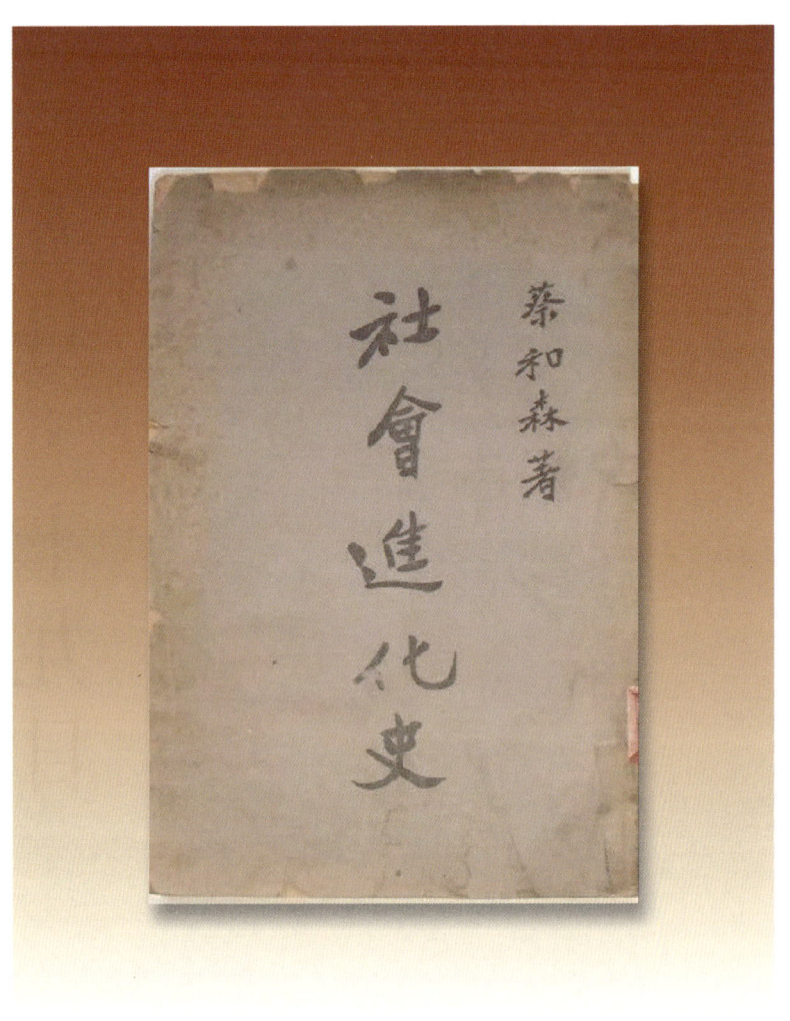

　　1924年5月,蔡和森将其在上海大学社会学系的讲稿修订为《社会进化史》。此书通过对人类社会发展的演绎,得出"资本主义必然崩溃,世界无产阶级革命必然成功"的结论。此书是中国第一部用马克思主义唯物史观写成的社会发展史。

　　图为上海民智书局出版的蔡和森著《社会进化史》。

北大红楼日志

感悟

五月·二十日

扫码听书

康景星　　　　葛树贵　　　　吴祯

　　1919年5月21日，北京《益世报》报道了救国十人团的爱国活动。五四运动爆发后，北京长辛店工人成立了救国十人团，该团体迅速扩大为工人和学生的联合组织。上海工人大罢工的消息传到长辛店，在长辛店大街上即出现了工人游行。

　　图为长辛店工人运动骨干康景星（左）、葛树贵（中）、吴祯（右）。

北大红楼日志

感悟

五月·廿一日

扫码听书

  1927年5月22日，汉口召开李大钊追悼大会，时任上海法政大学教授的高一涵在李大钊追悼大会上报告《李守常事略》，其中提到陈独秀与李大钊"在途中则计划组织中国共产党事"。次日，高一涵发表《李大钊同志略传》一文，盛赞李大钊"无论思想变迁如何迅速，彼总是立在先锋队中之一人"。

  图为汉口《民国日报》的相关报道。

北大红楼日志

感悟

五月·廿二日

扫码听书

神聖的「五四」

「五四」這個名詞，我國同胞當然要知道她在我國的文化和歷史的價值的。我們學界更須注意和永遠負著紀念「五四」的職務的。

「五四」，究竟是什麼？我們可回想到民國八年歐戰終結，和會正開的時候，我國否認日本無辜吞追的廿一條款，而賣國賊曹、章、陸從中施行賣國手段，這個消息傳來，北京的同學聯合起來，作犧牲救國的運動；義憤激昂，群起毆打國賊，這時正是民國八年五月四的神聖運動日子產生了。自從這次義舉猛起，各地響應，卒至推翻國賊，挽回外交。久伏不動的中國人民，彼此一鳴驚人的「五四運動」所振，全國青年，從此精神煥發，努力猛進，使中國近來得以進步。這全是「五四運動」的不惜精神所造成的。諸位同胞！像這麼重大的價值，和神聖的偉功的「五四」，我們還不鄭重至恭至敬的精神去表示紀念他嗎？請諸位一同起來，與我們同作一個永遠不忘的紀念吧！

天津中等以上學校學生聯合會啟

1919年5月23日，天津学生联合会发布《天津学生联合会罢课宣言书》，15所中等以上学校的一万多名学生开始实行罢课，响应北京学生的爱国活动。《罢课宣言》呼吁："愿吾四万万同胞速醒猛醒，以挽外交之失败，以图内政之改良"。

图为1919年天津中等以上学校学生联合会散发的《神圣的"五四"》传单。

北大红楼日志

感悟

五月·廿三日

扫码听书

1921年5月,李达翻译的《唯物史观解说》出版,介绍了马克思主义学说。此外,李达还在《唯物史观解说》一书的附录中,对马克思、恩格斯关于唯物史观的基本论述进行了精要的介绍。

图为《唯物史观解说》。

北大红楼日志

感悟

五月·廿四日

扫码听书

1919年5月25日,毛泽东、邓中夏、易礼容、彭璜等人在湖南长沙楚怡小学开会。邓中夏报告了北京学生运动发生经过。会议决定:成立新的湖南学生联合会;发动学生总罢课,以推动反帝爱国运动。

图为楚怡小学旧照。

北大红楼日志

感悟

五月·廿五日

扫码听书

1919年5月26日,《每周评论》第23号刊载李大钊撰写的《太上政府》一文,对帝国主义干涉中国内政、欺压中国人民的行为进行了批判。五四运动兴起后,时任北京大学图书馆主任的李大钊密切关注和引导运动的发展。他一方面积极营救学生,另一方面从思想理论上向学生指出运动的远大目标。

图为《太上政府》。

北大红楼日志

感悟

五月·廿六日

扫码听书

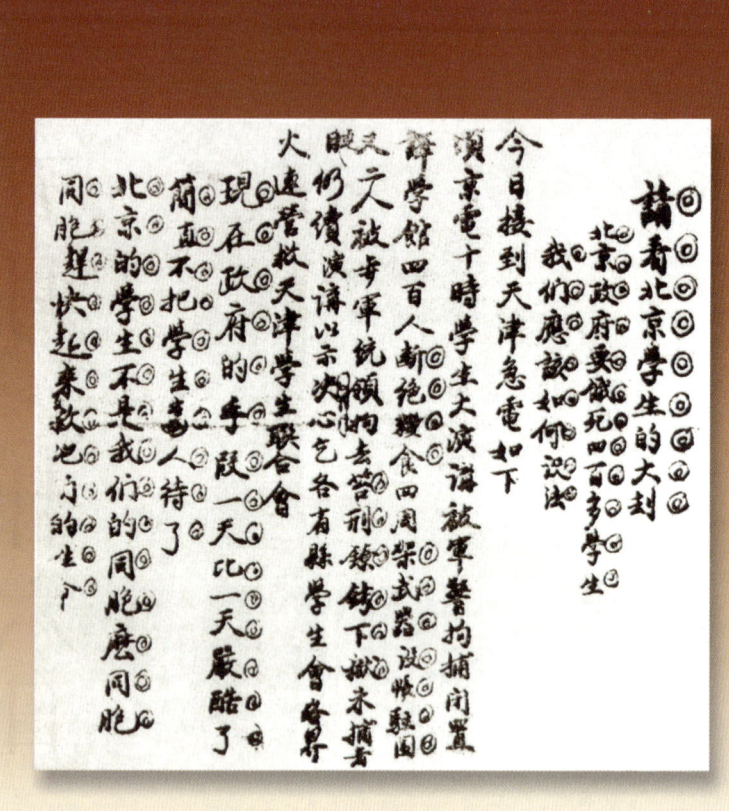

　　1919年5月27日，受学生联合会委派，许德珩、黄日葵化装出京，到天津、济南、上海等地"呼吁一致行动，扩大声势，争取胜利"。北京中等以上学校学生联合会成立后，便派代表到南方各地去扩大宣传，使上海等地及时掌握了五四运动的相关情况。

　　图为上海学联向全国披露北京大逮捕的急电，其呼吁各界声援学生。

北大红楼日志

感悟

五月·廿七日

扫码听书

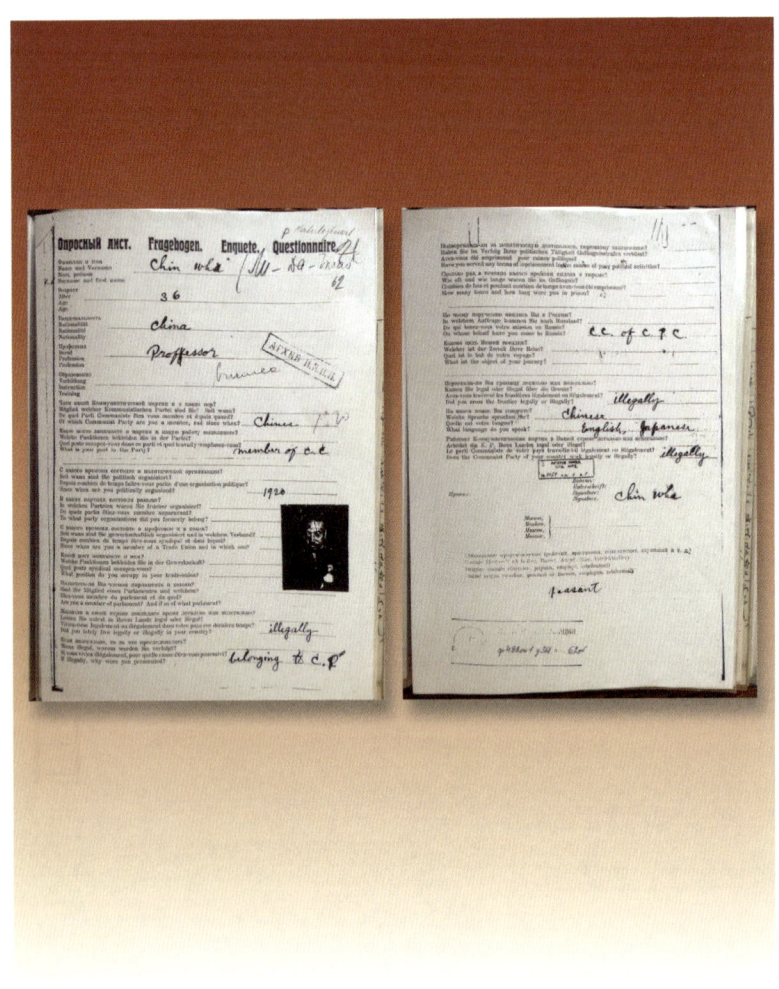

1924年5月底,受党中央的派遣,李大钊率中国共产党代表团从北京出发前往苏联,参加共产国际第五次代表大会。

图为李大钊在共产国际第五次代表大会的参会登记表。

北大红楼日志

感 悟

五月·廿八日

扫码听书

　　1919年5月29日，美国哲学家杜威抵达北京。在京期间，杜威目睹了声势浩大的五四运动。后来他评价说：五四运动是"中国国家感情存在与力量的突出证明，如果还有什么地方的人对中国人爱国主义的力量和普及程度抱怀疑态度，那么这种证明就是深切而且令人信服的教训"。

　　图为《北京大学日刊》刊载杜威演讲的消息。

北大红楼日志

感悟

五月·廿九日

扫码听书

1920年5月,陈独秀发起成立上海马克思主义研究会,接受经李大钊介绍来上海的维经斯基的建议,在上海发起组织中国共产党,草拟党纲。

图为上海法租界老渔阳里2号(今南昌路100弄2号)《新青年》编辑部。

北大红楼日志

感 悟

五月·三十日

扫码听书

1912年5月31日,为"勤于工作、俭以求学,以进劳动者之智识",李石曾、吴稚晖等在北京成立留法俭学会,并设立留法预备学校。

图为1913年6月留法俭学会北京预备学校第三班学生赴法学习前合影。

北大红楼日志

感悟

五月·卅一日

扫码听书

六月

馬克思派社會主義

李 達

馬克思學說出世以後，從前的空想社會主義變而為科學的社會主義，于是社會主義就為馬克思主義所代表，一說社會主義，就曉得這是馬克思主義了。但是近來各派社會主義發生，範略複雜，遂有所謂馬克思派社會主義和非馬克思派社會主義的名稱，馬克思派社會主義就不能代表社會主義了。

一 馬克思主義之分派

馬克思派社會主義，究竟是包含一些什麼主義，恐怕還有一些研究社會主義的人弄不清楚的。

倡馬克思主義過激派的人，卻自己不知道，倒反指摘別人所卷審怕，不敢公然主張。描他們的心理真是可笑之極。我覺得有就這中間許是不懂得馬克思主義的，也的派別說明的必要，所以作一篇馬克思派社會主義的文字

從前說馬克思主義的派別的人，多半列舉正統派和修正派兩種，至於工團主義和組合社會主義（Syndicalism）卻不當作馬克思主義看的。若講到多數主義（Bolshevism）中國人多譯過激派主義或勞農主義，那更不消說了。一般人不特不承認道是馬克思派社會主義，反說是無政府主義，道事正和北京政府中人說「勞農俄國」卻是「無政府主義」的話，是一樣的無識可笑。

所以我特在這裡把馬克思派社會主義分為五種範疇，卻是：一，正統派社會主義；二，修正派社會主義；三，工團主義；四，組合社會主義；五，多數主義。

二 正統派社會主義

既說是「正統派」當然是純粹的馬克思主義了。「正統派」的名稱是在十九世紀末葉柏倫斯泰因一派倡修正說的時候才發生的。正統派的代表柯

— 1 —

北大红楼日志

感悟

六月·一日

扫码听书

1919年6月2日,《晨报》副刊开始连载《马氏资本论释义》。一批先进知识分子积极开展马克思主义研究和传播,在《曙光》《晨报》《京报》等北京地区进步报刊上发表大量宣传马克思主义思想及无产阶级革命理论的文章。

图为《晨报》副刊上刊登的《马氏资本论释义》。

北大红楼日志

感悟

六月·二日

扫码听书

1919年6月3日,北京20多所学校的学生组织讲演团,开展大规模反帝爱国宣传活动。北洋政府出动军警镇压,当日有170多名学生被捕,第二天又有700多名学生被捕。但是,学生并未屈服,第三天上街演讲的学生多达5000余人。

图为北京财政商业学校学生游行。

北大红楼日志

感悟

六月 · 三日

扫码听书

1921年6月4日,高君宇在给女友石评梅的信中写道:"所以我就决心来担我应负改造世界的责任了。"高君宇为中国北方党团组织的骨干成员、北京社会主义青年团书记和山西党团组织的创始人。

图为高君宇写给石评梅的信。

北大红楼日志

感悟

六月·四日

扫码听书

1919年6月5日,上海工人率先罢工,五四爱国运动进入新的阶段。此后,北京、天津、唐山、汉口、南京、长沙等地工人纷纷举行罢工,许多大中城市学生罢课、商人罢市,形成罢工、罢课、罢市高潮。中国工人阶级以自己特有的组织性和斗争的坚定性,在运动中发挥着主力军作用,开始以独立的姿态登上政治舞台。

图为上海工人大罢工声援学生反帝爱国斗争。

北大红楼日志

感悟

六月·五日

扫码听书

1919年6月6日,受前日上海罢市风潮影响,宁波商界宣布罢市。此后,南京、苏州等多地商界均宣布罢市。一时间,罢市风潮遍及全国。

图为上海《大公报》关于全国罢工、罢课、罢市斗争的相关报道。

北大红楼日志

感悟

六月·六日

扫码听书

1919年6月7日，慑于全国群众爱国浪潮，北洋政府被迫释放所有被捕学生。次日，被捕学生各回所在学校。学生们在返校途中高喊"北京大学万岁！"等口号，夹道围观的市民亦应声而呼，以表达对学生的支持和同情。

图为旅京陕西学生联合会欢迎被捕学生获释后合影。

北大红楼日志

感悟

六月・七日

扫码听书

1919年6月8日,陈独秀发表《研究室与监狱》一文,指出"我们青年要立志出了研究室就入监狱,出了监狱就入研究室,这才是人生最高尚优美的生活"。

图为《每周评论》第25号上刊登的《研究室与监狱》。

北大红楼日志

感悟

六月·八日

扫码听书

北京市民宣言

中國民族乃酷愛和平之民族,今雖備受內外不可忍受之壓迫,仍本斯旨,對於政府提出最後最低之要求,如左:

(1) 對日外交不拋棄山東省經濟上之權利,並取消民國四年七年兩次密約。

(2) 免徐樹錚曹汝霖陸宗輿章宗祥段芝貴王懷慶六人官職并驅逐出京。

(3) 取消步軍統領及警備司令兩機關。

(4) 北京保安隊改由市民組織。

(5) 市民須有絕對集會言論自由權。

我市民仍希望和平方法達此目的,倘政府不顧和平,不完全聽從市民之希望,我等學生商人勞工軍人等,惟有直接行動,以圖根本之改造,特此宣告,敬求內外士女諒解斯旨。

(各處接到此宣言希即復印傳布)

MANIFESTO OF THE CITIZENS OF PEKING.

—:o:—

We, the people of China, have always been a peace-loving people. It is as peace-loving citizens that we, in the face of intolerable oppression both from within and without, solemnly present to the Government the following final minimum demands:—

1) That, in dealing with Japan, the Government must not surrender the economic privileges of Shantung; and that all the secret treaties of 1915 and 1918 must be abrogated.

2) That Hsu Shu-chen, Tsao Ju-lin, Lu Chung-yu, Chang Chung-chiang, Tuan Chi-kwei and Wang Hwei-ching be dismissed from office and be banished from the city of Peking.

3) That the offices of Commander of the Metropolitan Gendarmerie and Commander-in-chief of the Metropolitan Emergency Corps be abolished.

4) That the formation of Metropolitan Guards be left to the citizenery of Peking.

5) That the citizens of Peking should have full freedom of speech, publication and assembly.

We still hope that these objects may be secured by peaceful means. But if the Government, in its disregard for the peace of the country, should fail to meet our demands, we,—students, merchants, laborers and soldiers,—have no choice except taking the matter into our own hands and seek the salvation of the nation in a fundamental way.

Let these our wishes be known to all so that our motives may be clearly understood.

(All who receive this Declaration are requested to reproduce same and ...)

1919年6月9日,陈独秀起草《北京市民宣言》。该宣言发出"惟有直接行动,以图根本之改造"的号召,为民众运动指明了新的斗争目标。

图为《北京市民宣言》。

北大红楼日志

感悟

六月·九日

扫码听书

曹陆章免职令发表之经过

△分三次发表之原因
△各银行代表之请愿
△政府派专员赴津

曹陆章之免职命令昨日见於本日命令栏在此项命令之发表实为三次其第一次发表者为免曹令盖前日已内定者也乃该令发表之际即得天津罢市之消息同时上海各银行又电京行报告上海罢市绵延多日形势日益重大政府如不能坚持危险万状曹之命令发表则沪上金融无法维持危险万分云云曹陆章之命令发得此电报遂联合向政府声明并请速定办法政府无可如何遂於昨午后将陆宗舆免职令发布之以为如此似可餍足商学界之人心而镇压眼前之危险孰意下午复得上海中国各银行团体及商会来电略称政府如能将曹陆章三人同时罢免则彼等可以担任向商界极力疏通勉其於明日开市如不能完全办到则商民有所藉口前途将益科纷安危所系砥在一日専候明令云云京中各银行得此电复向政府交涉政府踌躇再三谓章宗祥亦无辞呈不能批准免职等语各银行代表等实不在俄项政府如何倘能批准免职彼等可以担保府迫於无法逞各应再将章宗祥免职令发表但请各银布代表务担保命令发後本日可以开市云云同时亚将以上三种令派员帯往天津国务院内务部农商部教育部各派専员赴津即昨下午国务院内务部农商部教育部各派専员赴津即携有此项使命云

1919年6月10日，北洋政府在民众压力下不得不罢免曹汝霖、陆宗舆、章宗祥的职务。这是五四运动取得的一个重大胜利。此后，在全国的舆论压力下，中国代表拒绝在《凡尔赛和约》上签字。

图为1919年6月11日北京《晨报》的相关报道。

北大红楼日志

感悟

六月·十日

扫码听书

　　1919年6月11日晚,陈独秀在北京新世界游艺场散发《北京市民宣言》时,遭京师警察厅逮捕。陈独秀被捕后,全国各界爱国人士纷纷发电、致函北洋政府有关方面,要求将他释放。
　　图为北京新世界游艺场。

北大红楼日志

感悟

六月·十一日

扫码听书

1919年6月12日，在上海商界宣布罢市后，上海学生联合会致书慰问工商界，表示"救国之业学生可以鼓吹，而实行之责实在我商工界同胞"。

图为上海学生联合会慰问工商界的公开信。

北大红楼日志

感悟

六月·十二日

扫码听书

1919年6月13日，在爱国学生和各地民众强大的舆论压力下，北洋政府总统徐世昌批准国务总理钱能训辞职，钱能训内阁垮台。

图为警备森严的北洋政府总统府大门。

北大红楼日志

感悟

六月·十三日

扫码听书

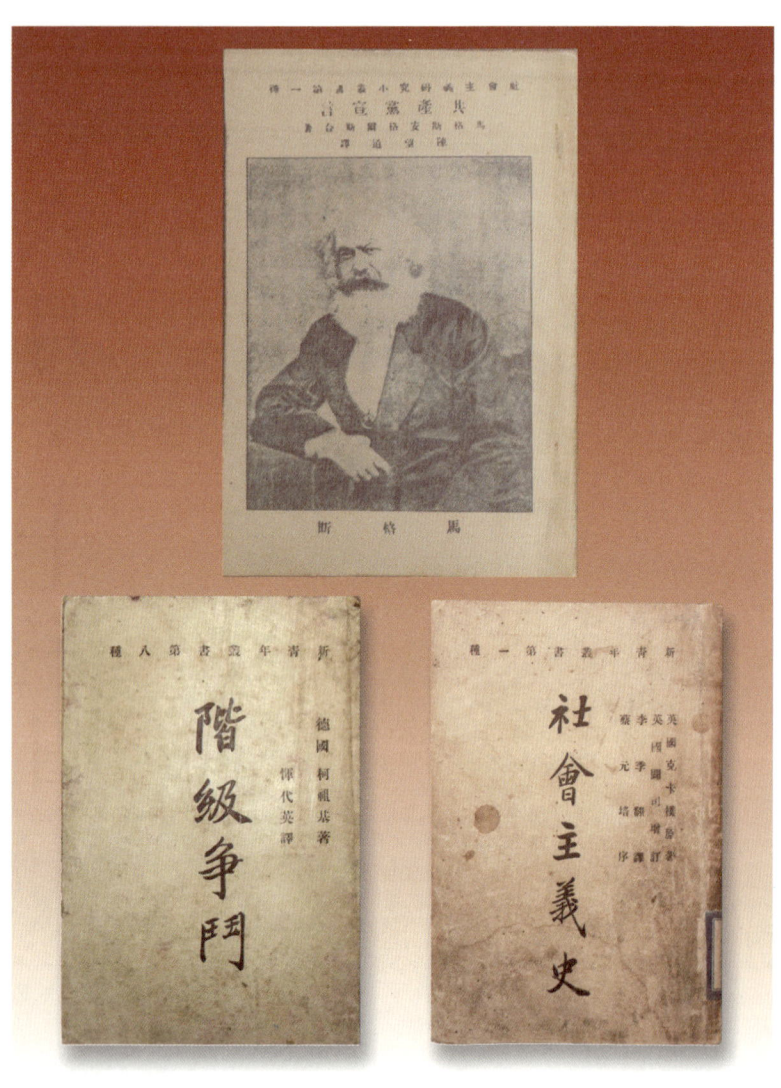

1920年6月,毛泽东在上海期间同陈独秀讨论过组织湖南改造促成会的计划和自己读过的马克思主义书籍,并在章士钊帮助下发动社会各界名流,为革命活动及赴欧勤工俭学捐款。

图为对青年毛泽东影响巨大的部分马克思主义著作。

北大红楼日志

感悟

六月·十四日

扫码听书

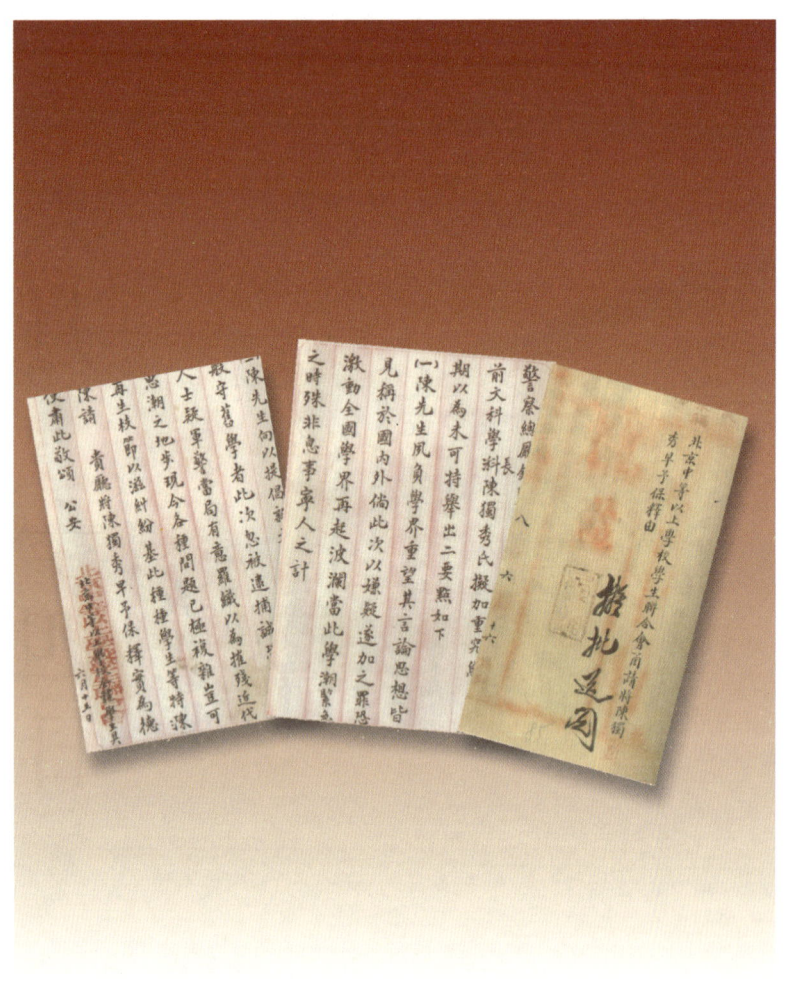

1919年6月15日，北京中等以上学校学生联合会致函京师警察厅，保释陈独秀。函中说："陈先生向以提倡新文学新思潮见忌于一般守旧学者，此次忽被逮捕，诚恐国内外人士疑军警当局有意罗织，以为摧残近代思潮之地步。"

图为北京中等以上学校学生联合会请早予保释陈独秀致京师警察厅的函。

北大红楼日志

感悟

六月·十五日

扫码听书

1919年6月16日，在北京、天津学联的倡议下，中华全国学生联合会总会成立大会在上海召开。学联总会成立后，立即号召和组织各地学生投入拒签和约的斗争。

图为参加中华全国学生联合会总会成立大会的各地代表合影。

北大红楼日志

感悟

六月·十六日

扫码听书

1919年6月17日，在陈独秀因散发《北京市民宣言》被京师警察厅逮捕后，北京《晨报》刊登了社会各界关于要求释放陈独秀的文章。陈独秀被捕，立刻引起全国极大的震动，各大报刊、社会团体、各界人士强烈谴责北洋政府的倒行逆施，汹涌的营救浪潮席卷而来。

图为《晨报》相关报道。

北大红楼日志

感悟

六月·十七日

扫码听书

北京共产主义组织的报告

同志们，北京共产主义组织仅仅是在十个月以前才产生的。此外，加入这个年轻组织的，只是为数不多的知识分子，他们多半缺乏革命经验。由于时局本身的变化，我们的整个活动遇到阻碍，所以，我们的工作成果是微不足道的。我们感到非常遗憾，在此次代表大会上，不能向你们谈更多的经验。可是我们殷切地希望这次代表大会能极大地丰富我们的经验，并对我们今后的整个活动作出原则指示。

在报告之前，我(2)尽量简略地向你们叙述一下北京社会生活的情况。

一、大家知道，北京是中国北方的政治中心，近五百年来，又是中国的首都。在清朝时，有许多满族人居住在那里，他们利用与帝王的关系，一直保持着不成体统的生活方式。现在还有将近二十万这样的居民，他们非常忠顺，他们仍然不从事任何固定的职业。除了这些懒汉以外，还要加上大大小小的文武官员，以及簇拥在他们周围的各种寄生虫，此外，还有他们的家属，再就是还有约三万干着各种各样可疑职业的人。北京的人口不超过九十

1921年6月18—24日，邓中夏与刘仁静来到北京碧云寺，为北京共产党小组出席即将召开的中共一大准备文件资料。同年7月24日，北京代表在会上宣读了《北京共产主义组织的报告》。

图为《北京共产主义组织的报告》。

北大红楼日志

感悟

六月·十八日

扫码听书

　　1919年6月19日，鲁迅在日记中写道："晚与二弟同至第一舞台观学生演剧，计《终身大事》一幕，胡适之作"。《终身大事》首先发表于《新青年》第6卷第3号，是中国新文学史上第一个话剧剧本。

　　图为《终身大事》剧照。

北大红楼日志

感悟

六月·十九日

扫码听书

　　1923年6月20日，中国共产党第三次全国代表大会闭幕，会议通过了决议案及宣言，使共产党活动的政治舞台迅速扩大，加速了中国革命的步伐，为波澜壮阔的大革命做了准备。

　　图为中共三大通过的决议案及宣言。

北大红楼日志

感悟

六月·二十日

扫码听书

北京社会主义青年团致国际少年共产党大会书

（一九二一年三月）

诸位同志们：因为交通上的阻碍，竟把远东和社会主义者运动的国际中心隔离，所以我们久想和世界具有革命精神的青年联络，但未能如愿以偿。自从接读国际少年共产党执行委员会东方书记格林君的信，我们在三月十六日召集了一个特别会议，并决定派代表出席这个会议，但是在中国还没有一个中国青年社会主义者的总会，所以我们的代表只有发言权无表决权。

我们的青年团成立只有四个月，现有团员已过半百之数，但我们相信，我们的团体将来必然发达得很快。

我们的报告将用种种可能的方法，送达国际少年共产党的总局或东方局。

国际少年共产党万岁！共产主义解放全人类之主义——万岁！

北京青年团上
（北洋政府步军统领衙门档案）
（选自《五四爱国运动档案资料》）

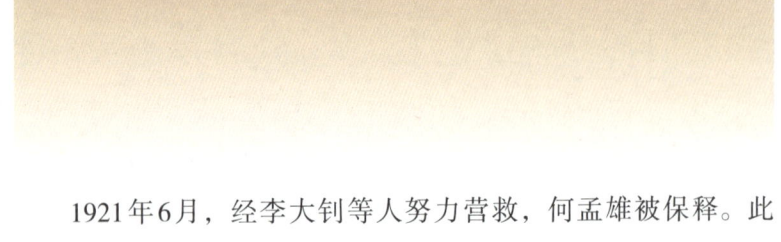

1921年6月，经李大钊等人努力营救，何孟雄被保释。此前，何孟雄作为北京社会主义青年团代表，携带《北京社会主义青年团致国际少年共产党大会书》参加国际少年共产党第二次代表大会，在赴俄途中于满洲里被捕。

图为何孟雄向大会提交的《北京社会主义青年团致国际少年共产党大会书》。

北大红楼日志

感悟

六月·廿一日

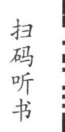
扫码听书

1922年6月22日,旅法、德、比的18名中国代表在巴黎西郊布隆涅森林召开旅欧青年团成立大会,会议确定组织名称为"旅欧中国少年共产党"。1923年2月,该组织改为旅欧中国共产主义青年团(中国社会主义青年团旅欧支部)。

图为部分成员合影(前排左2赵世炎、左6陈乔年、左8陈延年,后排左10周恩来)。

北大红楼日志

感悟

六月·廿二日

扫码听书

少年中國學會
The Young China Association.
本學會的宗旨:
"本科學的精神,為社會的活動,以創造少年中國。"
Our Association dedicates itself to Social Services under the guidance of the Scientific Spirit, in order to realize our ideal of Creating a Young China.
本學會的信條:
(1)奮鬥 (2)實踐 (3)堅忍 (4)儉樸。

本月刊緊要啟事

本月刊從第五期起總發行所改在上海五馬路亞東圖書館凡有訂報派報及刊登告白事務請向亞東圖書館接洽為荷

凡以前訂閱全年者改由亞東圖書館續寄但第四期以前各代派處之賬目仍由北京馬神廟松公府七號蘇甲榮君經手清算

凡有關於編輯事務請與北京嵩祝寺八號康白情君接洽

凡交換雜誌請與北京馬神廟松公府七號蘇甲榮接洽

凡有關於學會事務請與北京東華門宗人府東巷王潤璵接洽

1918年6月,李大钊等发起建立少年中国学会。一年后,少年中国学会在北京正式成立,并创办《少年中国》杂志。

图为《少年中国》杂志刊登的学会宗旨。

北大红楼日志

感悟

六月·廿三日

扫码听书

1924年6月，李大钊率中国共产党代表团赴莫斯科出席共产国际第五次代表大会。会议结束后，李大钊留在苏联担任中国共产党驻共产国际代表，同年12月3日启程回国。临行前，李大钊对袁玉冰说："我又要回到战场上去了"。

图为李大钊在苏联期间参观孤儿院时留影。

北大红楼日志

感悟

六月·廿四日

扫码听书

　　1918年6月25日,经新民学会推举,蔡和森前往北京,经杨昌济介绍与李石曾、蔡元培接洽,认为留法勤工俭学"颇有可为",即函告毛泽东等从事邀集志愿留法同志之活动。

　　图为蔡和森。

北大红楼日志

感悟

六月·廿五日

扫码听书

1918年6月，北京大学文科本科47名学生毕业，国文门学生与教师进行了合影，朱希祖、钱玄同、蔡元培、陈独秀、黄侃等"新""旧"两派人物均参加了合影。自就任北京大学校长后，蔡元培就一直主张思想自由、兼容并包的办学宗旨，同时延揽"新""旧"两派人物主持文科。

图为北京大学文科国文门第四届毕业生与教师合影（前排左起朱希祖、钱玄同、蔡元培、陈独秀、黄侃）。

北大红楼日志

感悟

六月·廿六日

扫码听书

1917年6月27日,上海《诚报》对第一次世界大战中从事战勤工作的中国劳工进行了报道。第一次世界大战爆发后,英、法等协约国从中国招募了约14万名劳工赴欧洲,进行艰辛的战地勤务工作。其中,约有2万人在战争中身亡。

图为上海《诚报》。

北大红楼日志

感悟

六月·廿七日

扫码听书

1919年6月28日，在全国群众和旅欧学生、旅欧工人的强大压力下，中国代表拒绝在《凡尔赛和约》上签字。

图为北京《晨报》关于拒绝签订《凡尔赛和约》的相关报道。其中提到："中国代表团发表文告解释不签字之理由，谓和会关于山东问题之解决殊欠公允……政府为舆情一致反对之故被迫拒绝受纳和约中之山东条款。"

北大红楼日志

感悟

六月·廿八日

扫码听书

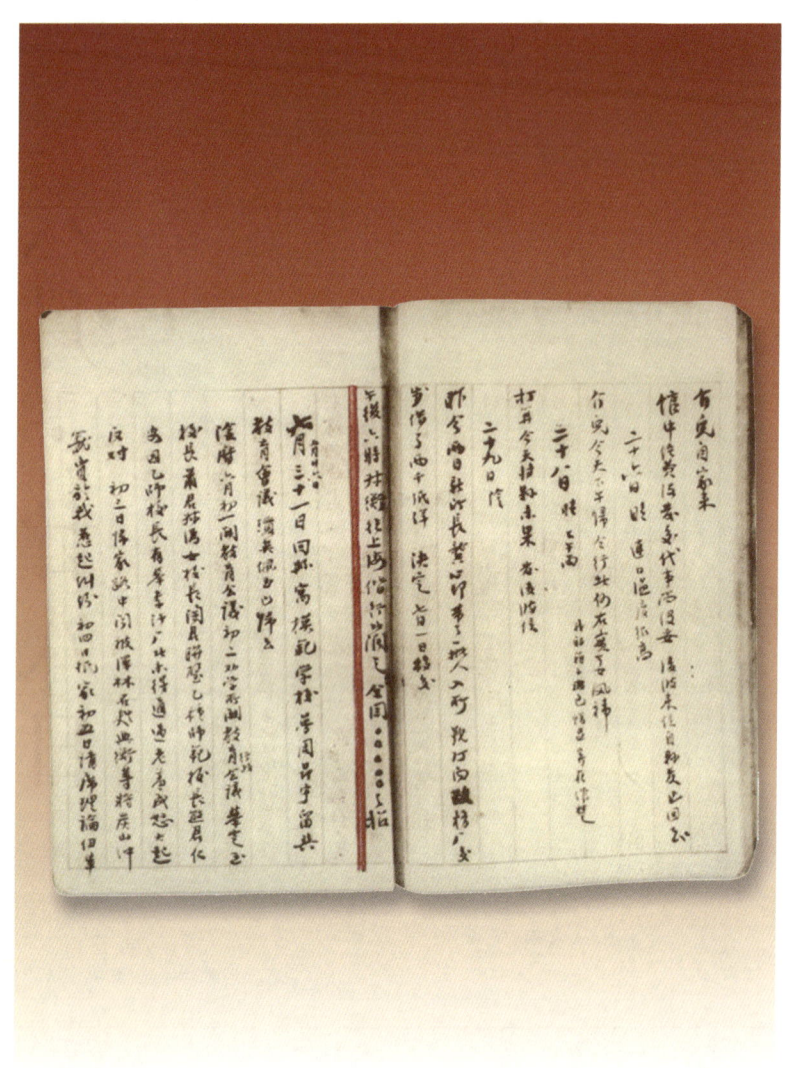

1921年6月29日,毛泽东和何叔衡作为湖南共产主义组织的代表,离长沙赴上海参加中国共产党第一次全国代表大会。

图为谢觉哉日记中关于毛泽东与何叔衡赴上海参加中共一大的记载。

北大红楼日志

感悟

六月·廿九日

扫码听书

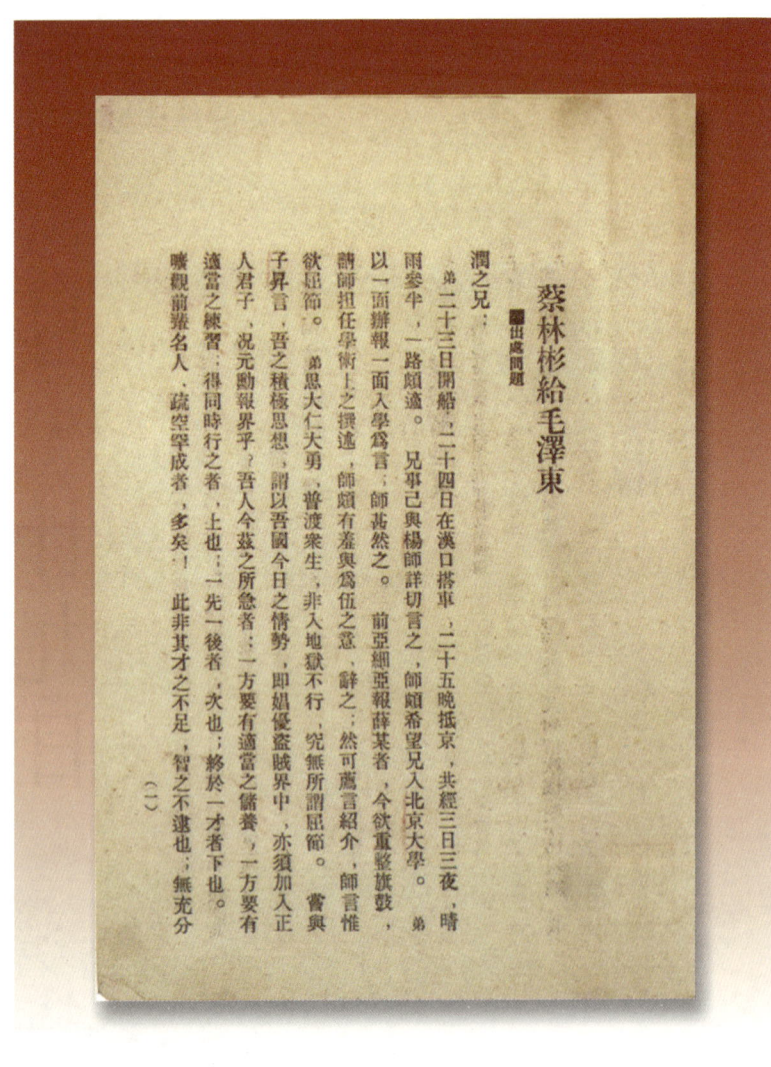

1918年6月30日，蔡和森致信毛泽东，信中说："兄事已与杨师详切言之，师颇希望兄入北京大学。"北京大学校长蔡元培"正谋网罗海内人才"。"吾三人有进大学之必要，进后有兼事之必要，可大可久之基，或者在此。"

图为蔡和森致毛泽东的信。

北大红楼日志

感悟

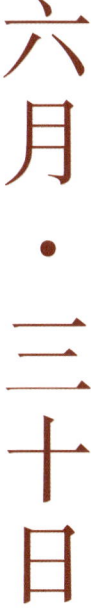

六月·三十日

扫码听书

七月

1918年7月1日，李大钊在《言治》季刊上发表《法俄革命之比较观》一文，论述1917年俄国十月革命与1789年法国资产阶级革命的本质区别，指出俄国十月革命预示着社会主义时代的到来，是"世界的新文明之曙光"。

图为《法俄革命之比较观》。

北大红楼日志

感 悟

七月·一日

扫码听书

1921年7月2日,邓中夏、高君宇、刘仁静等北京共产主义青年团成员参加了少年中国学会第二届年会。会议着重讨论了学会的宗旨和主义问题,主张学会应确定社会主义方向。

图为少年中国学会与会者合影(前排左3为刘仁静,2排左3为高君宇,4排左2为邓中夏)。

北大红楼日志

感悟

七月·二日

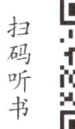
扫码听书

1898年7月3日，清光绪帝批准了梁启超代拟的《京师大学堂章程》，这标志着作为北京大学前身的京师大学堂正式创办。京师大学堂是维新变法的一大成果，校舍位于景山东街马神庙公主府。

图为京师大学堂匾额。

北大红楼日志

感悟

七月·三日

扫码听书

1920年7月,邓中夏从北京大学国文门毕业。他拒绝了父亲为他在农商部谋到的待遇优厚的职位和公费出国留学的机会,开始了职业革命家的生涯。他对父亲说:"我不做官,现在社会如此腐败,当官的人对百姓敲骨吸髓,做这样的官有什么意义呢?"

图为邓中夏撰写的《中国职工运动简史》。

北大红楼日志

感悟

七月·四日

扫码听书

　　1921年7月,史文彬由邓中夏、罗章龙介绍加入中国共产党,成为长辛店铁路机车厂的第一名党员。史文彬是北京的共产党早期组织吸收工人党员的代表。1921年5月1日,史文彬被推举为长辛店铁路机车工人俱乐部委员长,领导了多次罢工斗争。
　　图为史文彬。

北大红楼日志

感悟

七月·五日

扫码听书

  1920年7月6日，留法的新民学会会员在法国蒙塔尔纪召开会议，讨论学会的发展方针和"改造中国与世界"的道路。

  图为会后合影（后排右1蔡畅，后排右2蔡和森，2排右1向警予）。

北大红楼日志

感悟

七月·六日

扫码听书

1913年7月,李大钊来到北京,其间凭吊圆明园遗址,慨叹祖国山河破碎,写下《吊圆明园故址》诗两首。诗前有题记,云:"夕阳影里,笳鼓声中,同友人陟高冈,望圆明园故址,只余破壁颓垣,残峙于荒烟蔓草间,唏嘘凭吊,感慨系之。"

图为圆明园长春园大水法遗址。

北大红楼日志

感悟

七月·七日

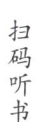

扫码听书

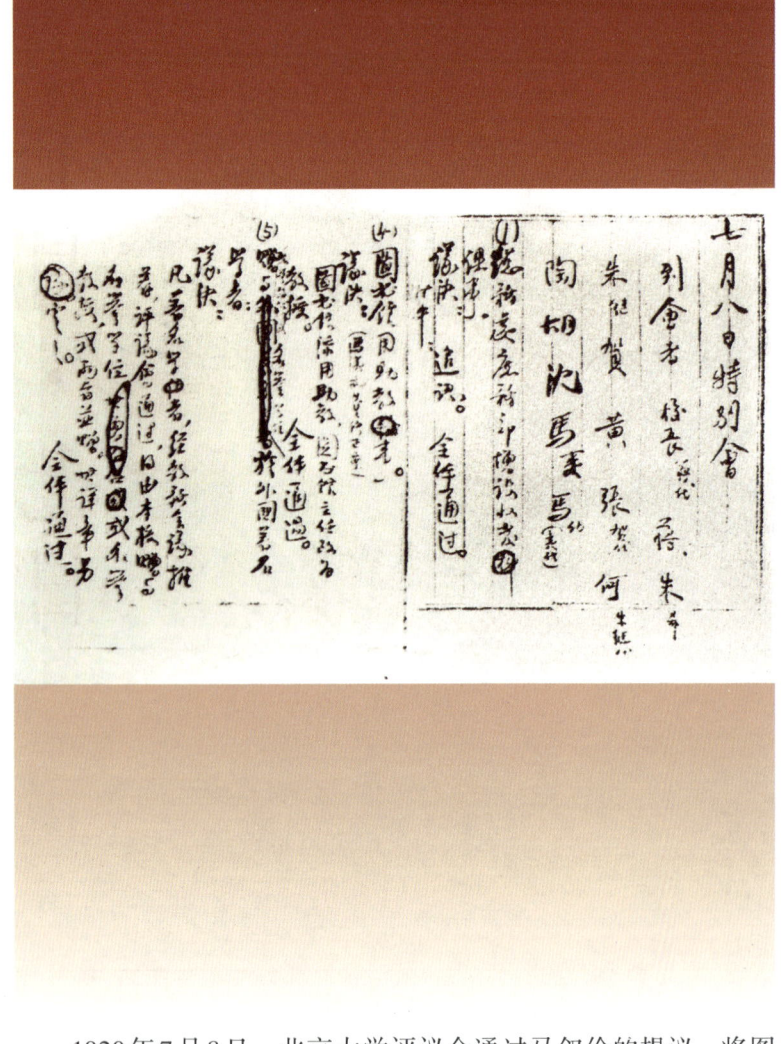

1920年7月8日，北京大学评议会通过马叙伦的提议，将图书馆主任改为教授。同年7月23日，李大钊正式受聘任北京大学教授。

图为北京大学评议会全体通过的关于李大钊由图书馆主任改任教授的会议记录。

北大红楼日志

感悟

七月·八日

扫码听书

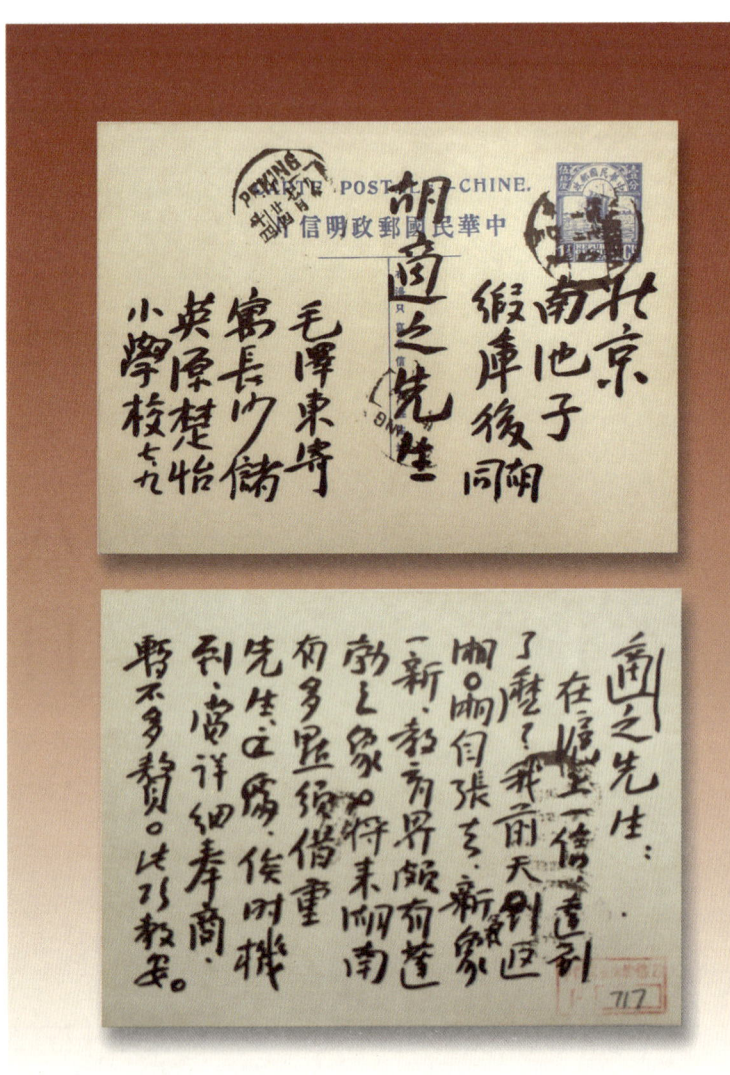

1920年7月9日,毛泽东返回湖南后,给胡适寄去明信片,表示"将来湖南有多点须借重先生,俟时机到,当详细奉商";"湘自张去,气象一新,教育界颇有蓬勃之象"。

图为毛泽东寄给胡适的明信片。

北大红楼日志

感悟

七月·九日

扫码听书

1921年7月10日,杜威结束在华讲学,于次日回国。在华期间,杜威曾对新文化运动作出高度评价:"正是这场运动,正是这场新文化运动,为中国的未来奠定了一块最为牢固的基础。"

图为杜威在华期间与中国学者的合影。

北大红楼日志

感悟

七月·十日

扫码听书

1916年7月11日,李大钊乘船自上海赴北京,后担任《晨钟报》编辑主任,决心唤起"吾民族之自我的自觉",担当"青春中华之创造"的使命。

图为担任《晨钟报》编辑主任的李大钊。

北大红楼日志

感悟

七月·十一日

扫码听书

1924年7月12日，李大钊向共产国际提交有关中国革命状况的报告。报告共有四份：《全国学生运动状况》《全国国民运动状况》《全国劳动运动状况》及《中国北部劳动运动概况》。

图为李大钊出席共产国际第五次代表大会时用过的毯子。

北大红楼日志

七月·十二日

感悟

扫码听书

　　1919年7月13日,李大钊在《每周评论》第30号上发表《忠告黎明会》《黑暗与光明》《真正的解放》《灰色的中国》《是谁夺了我们的光明》等多篇文章。在《是谁夺了我们的光明》中,他对陈独秀(笔名只眼,此时已经被捕)进行了声援:"亏了贵报的'只眼',常常给我们点光明。我们实在感谢。现在好久不见'只眼'了。是谁夺了我们的光明?"

　　图为《每周评论》第30号。

北大红楼日志

感悟

七月·十三日

扫码听书

1919年7月14日,毛泽东主编的湖南省学联刊物《湘江评论》在长沙创刊,它"以宣传最新思潮为宗旨"。毛泽东为创刊号撰写创刊宣言及长短文20余篇,对帝国主义和封建势力进行揭露和抨击。

图为《湘江评论》创刊号。

北大红楼日志

感悟

七月·十四日

扫码听书

1924年7月15日,旅欧共产主义青年团第五次代表大会闭幕,大会委托周恩来为代表向国内团中央报告工作,并代表旅欧团组织参加各种会议。会后不久,周恩来遵照中共中央指示回国。

图为旅欧共产主义青年团第五次代表大会结束后欢送周恩来归国合影(前排左1聂荣臻、左4周恩来、左6李富春,后排左5邓小平)。

北大红楼日志

感悟

七月·十五日

扫码听书

1922年7月16—23日，中国共产党第二次全国代表大会在上海召开。中共二大分析了中国社会的性质，指出中国革命要分两步走，在中国近代史上第一次明确提出了彻底的反帝反封建的民主革命纲领。

图为中共二大召开地之一——南成都路辅德里625号（今上海市静安区老成都北路7弄30号）。

北大红楼日志

感悟

七月·十六日

扫码听书

1920年7月17日,周恩来等天津学生代表被释放出狱。出狱后,周恩来将自己在监狱中的日记整理成册,题名《检厅日录》。此前的同年1月29日,周恩来领导天津学生数千人赴直隶公署请愿反对中日"直接交涉"山东问题,反遭军警逮捕和镇压,是为"一·二九惨案"。

图为《检厅日录》。

北大红楼日志

感悟

七月·十七日

扫码听书

1922年7月18日,上海的中国劳动组合书记部被租界当局查禁。次月中国劳动组合书记部迁往北京,由邓中夏任书记部主任,并在上海、湖南、广东等地建立分部。

图为中国劳动组合书记部机关报《工人周刊》。

北大红楼日志

感悟

七月·十八日

扫码听书

1924年7月19日,《北京大学日刊》公布《政治学系课程指导书》(1924—1925)。李大钊讲授"现代政治",并与陶孟和、高一涵、陈启修等共同担任"演习"课程的指导教师。

图为李大钊在北京大学任教期间撰写的著作和讲义。

北大红楼日志

感悟

七月·十九日

扫码听书

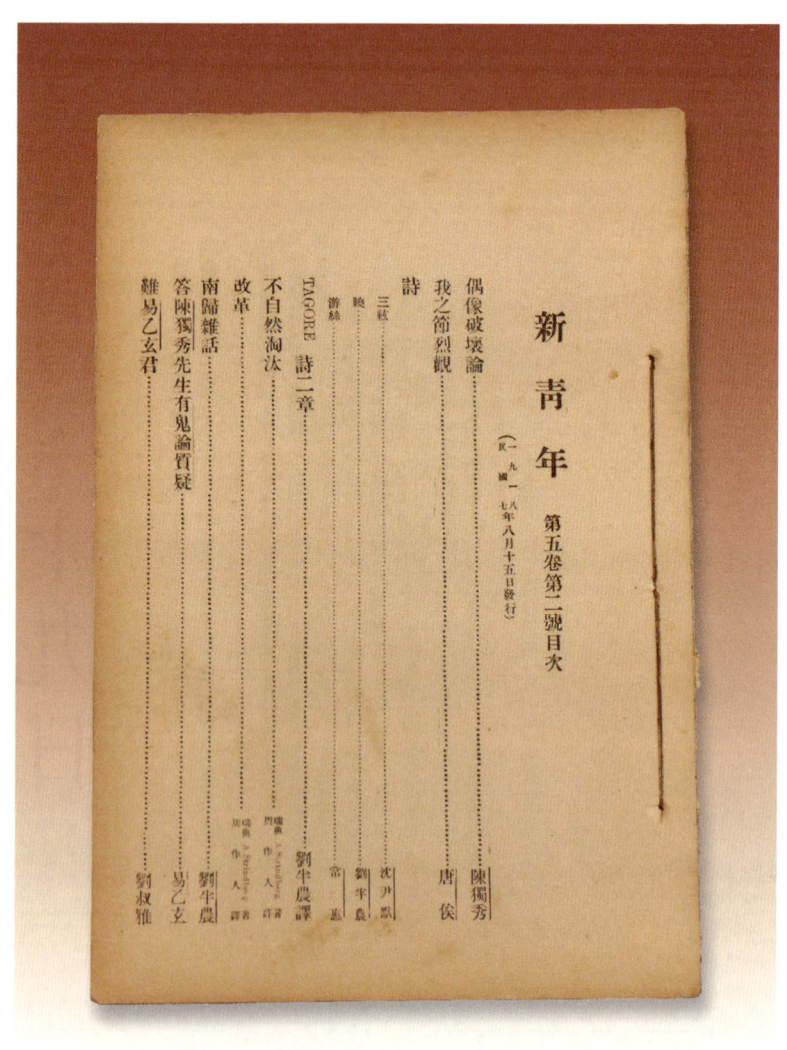

1918年7月20日,鲁迅撰写《我之节烈观》一文,抨击了封建礼教对妇女的迫害。该文后发表于《新青年》第5卷第2号,署名唐俟。

图为《新青年》第5卷第2号目录。

北大红楼日志

七月·二十日

感悟

扫码听书

1919年7月21日,《湘江评论》开始连载毛泽东《民众的大联合》一文,宣传反封建的民主革命思想,指出民众大联合是改造国家、改造社会的根本方法。

图为《民众的大联合》。

北大红楼日志

感悟

七月·廿一日

扫码听书

1921年7月22日,中共一大代表在上海博文女校召开了中共一大的"预备会"。中共一大会议期间,毛泽东、刘仁静等9位代表入住博文女校,在此交流各地早期共产党组织的活动情况,讨论建党的原则,酝酿选举党的领导机构,研究党的性质及纲领等。

图为中共一大代表入住的博文女校宿舍。

北大红楼日志

感悟

七月·廿二日

扫码听书

　　1921年7月23日,中国共产党第一次全国代表大会召开,宣告中国共产党正式成立。北京早期共产党组织积极筹备和参加了这次大会。中国共产党的成立,是开天辟地的大事变,深刻改变了近代以后中华民族发展的方向和进程,深刻改变了中国人民和中华民族的前途和命运,深刻改变了世界发展的趋势和格局。

　　图为中国共产党第一次全国代表大会会址——上海法租界望志路106号(今上海市兴业路76号)。

北大红楼日志

感悟

七月·廿三日

扫码听书

1921年7月24日，参加中国共产党第一次全国代表大会的各地代表在大会上报告了本地区党团组织的状况和工作进程。北京代表在中共一大上报告了共产党北京支部在工人与知识分子中开展工作的情况。

图为《北京共产主义组织的报告》俄文版。

北大红楼日志

感悟

七月·廿四日

扫码听书

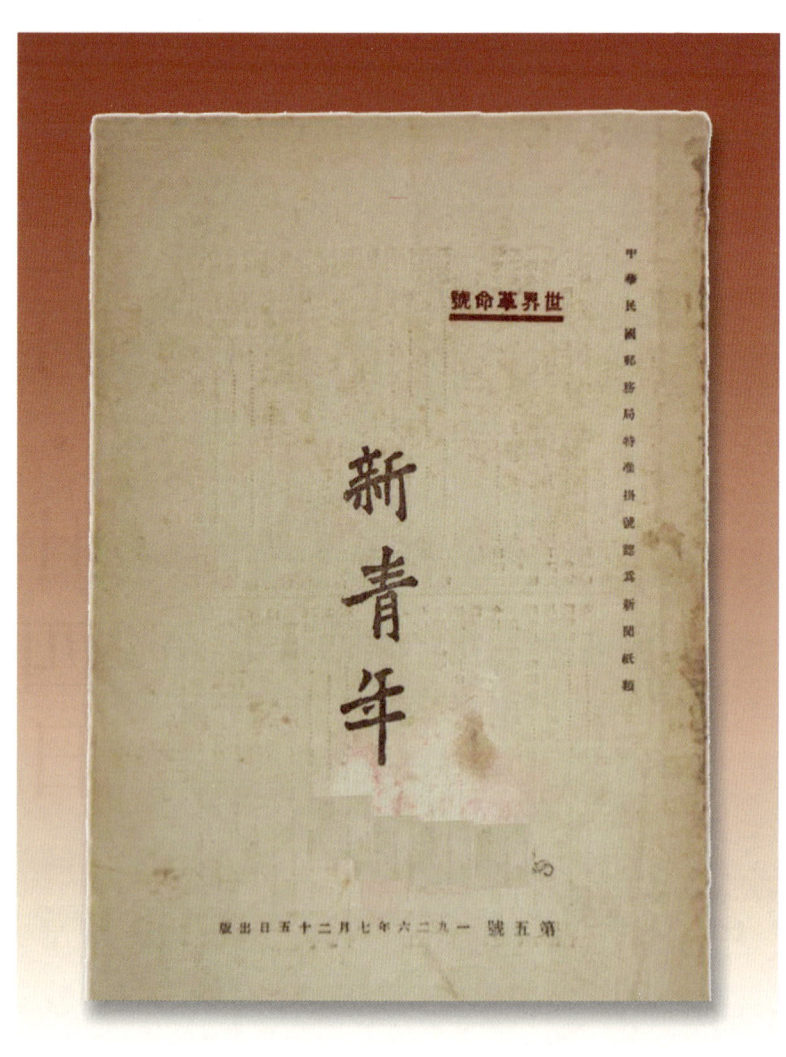

1926年7月25日,瞿秋白主编的《新青年》"世界革命号"出版。这是《新青年》的最后一期,足有20余万字,介绍了英国、法国、印度、土耳其等国家的革命实践。

图为《新青年》"世界革命号"。

北大红楼日志

感悟

七月·廿五日

扫码听书

1922年7月26日，中国社会主义青年团中央执行委员会召开会议，决定将中央机关迁往北京，由蔡和森、高君宇等驻北京，俞秀松、张椿年（太雷）驻上海。

图为《中国社会主义青年团纲领》。

北大红楼日志

感悟

七月·廿六日

扫码听书

1921年7月27—29日,中国共产党第一次全国代表大会举行了连续3天的会议,集中讨论《中国共产党第一个纲领》《中国共产党的第一个决议》。

图为《中国共产党的第一个决议》。

北大红楼日志

感悟

七月·廿七日

扫码听书

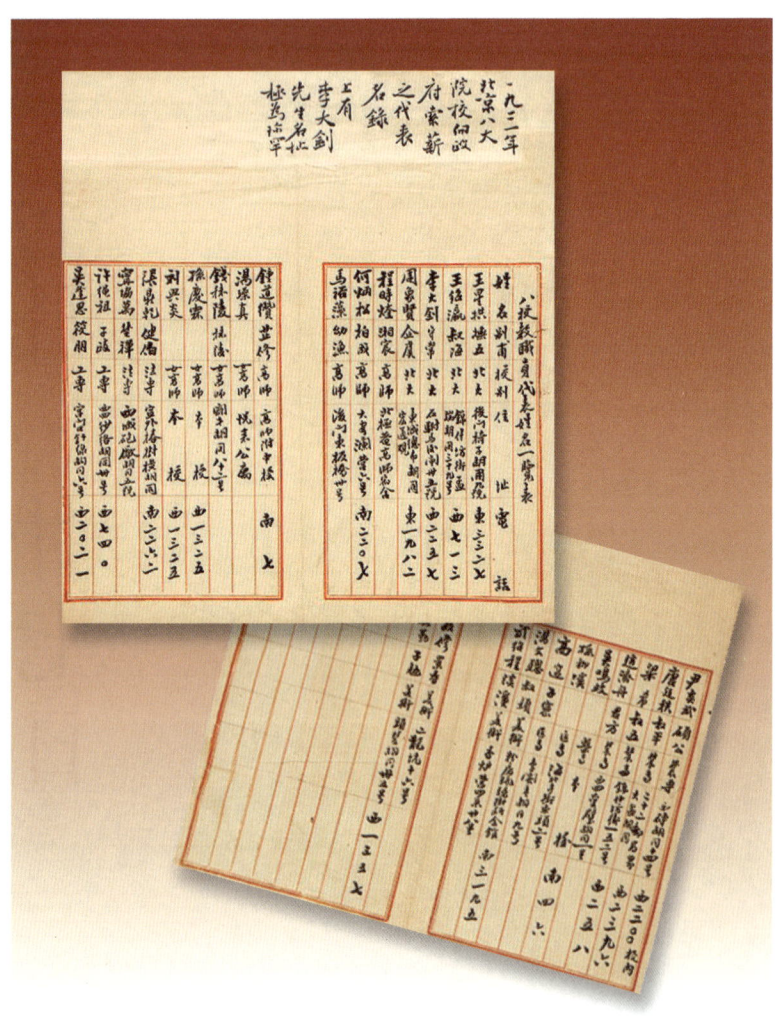

1921年7月28日，北京国立专门以上八校辞职教职员代表联席会开会，决定通过复职宣言，结束索薪运动。此前，北洋政府断绝北京大学、北京高等工业学校等八所国立学校的教育经费和职员薪俸，八校教职员被迫罢教。李大钊代理八校联席会议主席，领导了索薪斗争。

图为北京八大院校向政府索薪的代表名录。

北大红楼日志

感悟

七月·廿八日

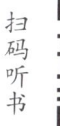
扫码听书

1922年夏,中国劳动组合书记部北方分部领导成员之一何孟雄,在张家口发动铁路工人,重新建立没有员司参加的京绥铁路车务工人同人会。

图为京绥铁路车务工人同人会旧址——铁路官房5号。

北大红楼日志

感悟

七月·廿九日

扫码听书

1921年7月30日，中国共产党第一次全国代表大会原定通过纲领和决议，但因有陌生男子闯入会场，马林建议中止会议，代表们迅速转移。之后，会议转移至嘉兴南湖游船举行。

图为大会讨论通过的《中国共产党第一个纲领》。

感悟

七月·三十日

扫码听书

1920年7月31日,长沙《大公报》刊载毛泽东起草的《发起文化书社》。自开始营业至1921年3月底,文化书社销售了《马格斯〈资本论〉入门》《社会主义史》《新青年》等出版物200余种。

图为毛泽东汇编的《文化书社社务报告》(第二期)。

北大红楼日志

感悟

七月·卅一日

扫码听书

八月

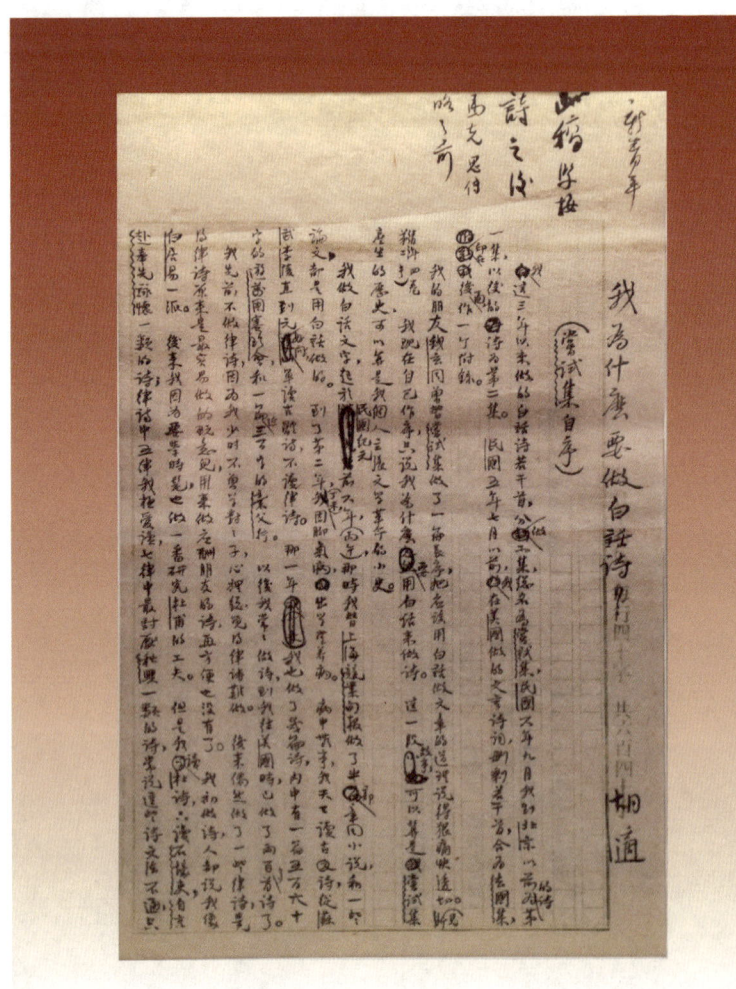

1919年8月1日,胡适撰写《〈尝试集〉自序》——《我为什么要做白话诗》,指出:"我们主张若要造一种活的文学,必须用白话来做文学的工具……我们认定白话实在有文学的可能,实在是新文学的唯一利器。"

图为胡适《我为什么要做白话诗》手稿。

北大红楼日志

感悟

八月·一日

扫码听书

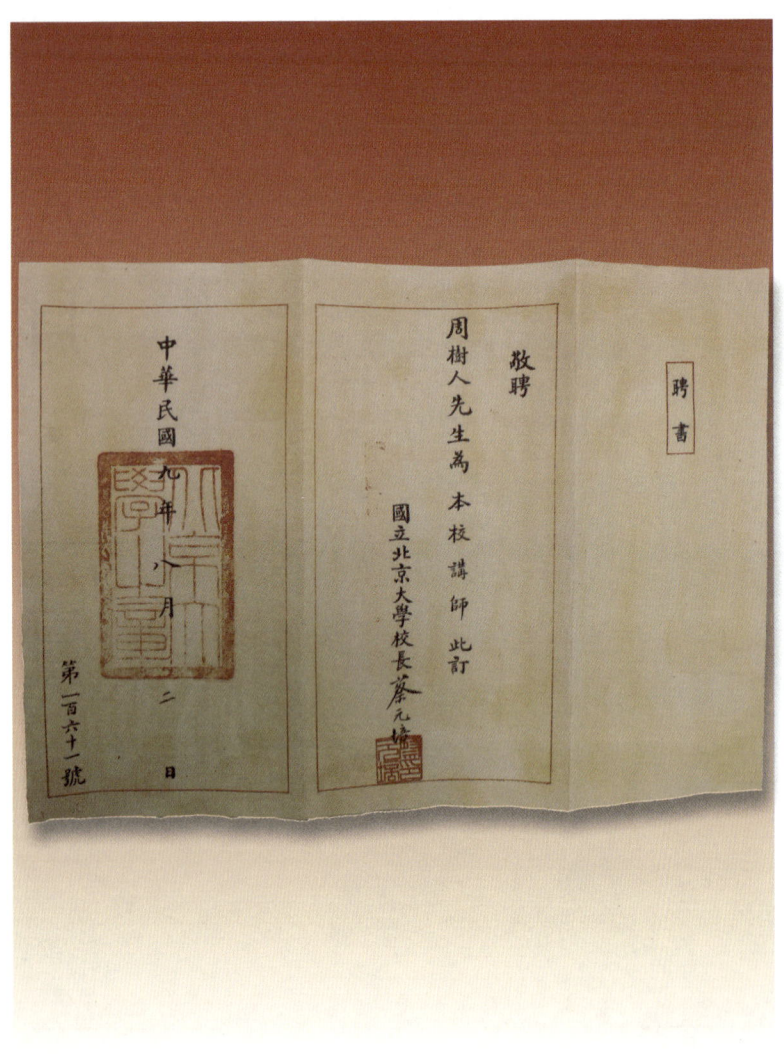

1920年8月2日,鲁迅正式受聘为北京大学讲师。在校期间,鲁迅先是自编讲义,讲授中国小说史,后又以日本文学评论家厨川白村的《苦闷的象征》为教材,讲授文艺理论。

图为鲁迅所受北京大学聘书。

北大红楼日志

感悟

八月·二日

扫码听书

1920年8月,陈望道翻译的第一个中文全译本《共产党宣言》在上海出版。这部重要著作的翻译出版,是马克思主义在中国传播史上的一件大事。

图为陈望道翻译的《共产党宣言》。

北大红楼日志

感悟

八月·三日

扫码听书

1919年8月4日,毛泽东撰写的《民众的大联合(三)》一文发表在《湘江评论》第4号上。他指出:"俄罗斯打倒贵族,驱逐富人,劳农两界合立了委办政府,红旗军东驰西突,扫荡了多少敌人,协约国为之改容,全世界为之震动"。

图为《湘江评论》第4号上刊登的《民众的大联合(三)》。

北大红楼日志

感悟

八月·四日

扫码听书

　　1919年8月，在北京大学学生会负责人之一高君宇指导下，山西省立第一中学进步青年学生王振翼等创办传播新文化、新思想的《平民周刊》。后来，在高君宇的主持和筹建下，太原的团组织和党组织也先后建立起来。

　　图为《平民周刊》。

北大红楼日志

感悟

八月·五日

扫码听书

1923年8月，直隶省安平县台城村（今属河北省）党支部诞生，由李大钊亲自指导建立，直属中共北京区委领导，支部书记弓仲韬由李大钊发展入党。台城村党支部为中国共产党第一个农村党支部。

图为弓仲韬。

北大红楼日志

感悟

八月·六日

扫码听书

　　1917年8月7日，北京大学校长蔡元培请鲁迅为北大设计了校徽。"北大"两个篆字上下排列，其中"北"字构成背对背的两个侧立人像，"大"字构成一个正面站立人像。三个人形图案象征着学校乃育人之所，又有重任在肩、民族脊梁的象征意义。

　　图为鲁迅设计的北大校徽。

北大红楼日志

感悟

八月·七日

扫码听书

1921年8月,中国共产党北京地方委员会成立,地委机关设于沙滩北京大学红楼,李大钊任书记,直属中共中央领导。这是中国共产党成立以后在北京设置的第一个地方组织,主要任务是发展北京党团组织、开展学生运动和工人运动。下设东、西、南3个委员会,分别领导各自附近的支部。

图为沙滩北京大学红楼外景。

北大红楼日志

感 悟

八月·八日

扫码听书

1919年8月9日，钱玄同为《新青年》约稿到鲁迅寓所拜访。在钱玄同的多次邀请和鼓励下，鲁迅"终于答应他也做文章了，这便是最初的一篇《狂人日记》。从此以后，便一发而不可收"。

图为鲁迅写作《狂人日记》时的寓所——位于北京南半截胡同7号的绍兴会馆。

北大红楼日志

感悟

八月·九日

扫码听书

1915年8月10日,李大钊在《甲寅》杂志上发表《厌世心与自觉心》一文,作为对陈独秀《爱国心与自觉心》一文的回应。在文中,李大钊主张奋其精神,改造国家;文章批评了陈独秀《爱国心与自觉心》一文的悲观论调,指出"自觉之义""即在改进立国之精神,求一可爱之国家而爱之"。

图为《厌世心与自觉心》。

北大红楼日志

感悟

八月·十日

扫码听书

1921年8月11日,根据中共一大决议,我们党在上海建立了公开领导工人运动的总机关——中国劳动组合书记部。《中国劳动组合书记部宣言》称,该部"是一个要把各个劳动组合都联合起来的总机关。他的事业是要发达劳动组合,向劳动者宣传组合之必要,要联合或改组已成的劳动团体,使劳动者有阶级的自觉,并要建立中国工人们与外国工人们的密切关系"。

图为中国劳动组合书记部旧址。

北大红楼日志

感悟

八月·十一日

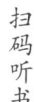 

扫码听书

1922年8月,受李大钊派遣,在中国劳动组合书记部北方分部工作的共产党员张昆弟到达开封,在南关机车厂(俗称车头厂)发展党员,并于同年底成立开封第一个基层党组织——车头厂支部。该支部直属中共北京地委领导。

图为开封机车厂旧址。

北大红楼日志

感悟

八月·十二日

扫码听书

蔡林彬給毛澤東

■ 研究社會主義
■ 希望實現小學計劃，勞動教育，合作運動，小冊子，親屬合居等。
■ 我們須於文化運動更進一步

潤之兄：

我到法約近五月，時常想寫信與你，又時常接住。我和母親及警余成照等以二月二日蒙紙巴黎，母親心力頗強，故船中國疲皆已於持過去。我初到時，因傷病複發，甚為疲弱，旋偕母親及警余成照等來蒙達尼地方，分入男女中學校，補習法文。母親與成照等同起居，日上課。我則決定恢復體操遊息，略如龍山故事。每日生活，全在公園空曠中，不上課，不看書，日惟手字典一冊，此一月餘，體氣大健。情形如此，故一切無所活動。

我現在還是聾啞兼全，（因不注意語言，文沒有直接和法人接近，）不過不需為瞎眼耳。看眼漸有門徑，各國社會運動消息，日能了解一二，頗思縱合寫來，以作我與你通信資料，（因此外仿佛無甚可告）這也是我寫信與你遲遲復遲遲的原因。

近正覺譯德國政變與其社會，共產，工團，各黨消

(1)

1920年8月13日，赴法勤工俭学的蔡和森在给毛泽东的信中明确提出建立中国共产党的主张："我以为先要组织党——共产党。因为他是革命运动的发动者、宣传者、先锋队、作战部"。

图为蔡和森致毛泽东的信。

北大红楼日志

感悟

八月·十三日

扫码听书

1923年8月,鲁迅的短篇小说集《呐喊》由新潮社出版,收录小说15篇,包括《狂人日记》《阿Q正传》《药》等。

图为《呐喊》初版封面。

北大红楼日志

感悟

八月·十四日

扫码听书

1916年8月15日,《晨钟报》于北京创刊。李大钊于1916年8月15日—9月5日担任编辑主任,并在创刊号上发表《〈晨钟〉之使命》,号召青年冲破旧势力的束缚,为"索我理想之中华"而斗争。

图为《〈晨钟〉之使命》。

北大红楼日志

感悟

八月·十五日

扫码听书

1919年8月中旬,《湘江评论》被湖南督军兼省长张敬尧查封,不久湖南学联也被迫解散。毛泽东同新民学会会员及湖南学联成员义愤填膺,决心联络省内外力量开展驱张运动。

图为1919年11月16日毛泽东(后排左4)与新民学会部分会员在长沙周南女校合影。

北大红楼日志

感悟

八月·十六日

扫码听书

1919年8月17日，李大钊撰写《再论问题与主义》，针对胡适宣扬改良主义的观点进行反驳，初步表述了如下思想：马克思主义的一般原理必须与本国的实际相结合，并在这个结合的过程中得到发展。

图为《每周评论》第35号上刊登的《再论问题与主义》。

北大红楼日志

感悟

八月·十七日

扫码听书

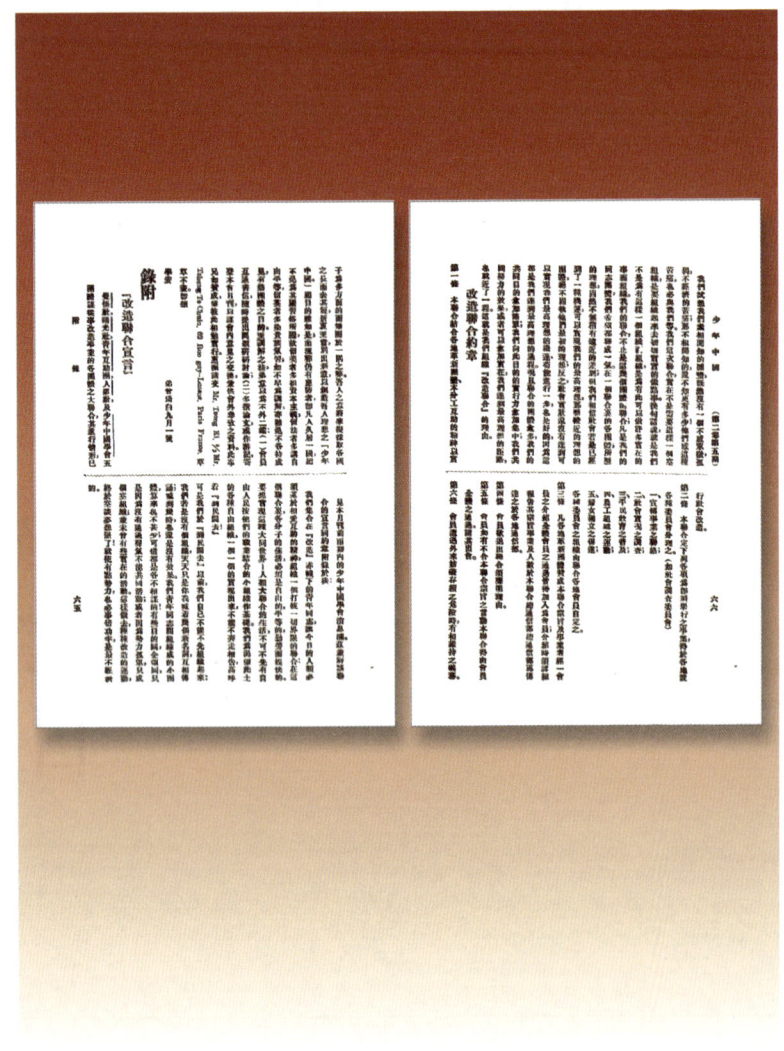

1920年8月18日,在李大钊的指导下,少年中国学会、觉悟社等五团体联合发表《改造联合宣言》《改造联合约章》,发出了如下号召:集合在"改造"的赤旗下的青年联合起来,"到民间去""切切实实做点事"。

图为《改造联合宣言》《改造联合约章》。

北大红楼日志

感悟

八月·十八日

扫码听书

1918年8月19日,为组织新民学会会员和湖南青年赴法国勤工俭学筹备工作,毛泽东同20多名准备赴法勤工俭学的青年第一次来到北京。起初,毛泽东暂住在老师杨昌济位于豆腐池胡同15号的家中。

图为杨昌济故居。

北大红楼日志

感悟

八月·十九日

扫码听书

1921年8月中旬,毛泽东同何叔衡创办湖南自修大学,将之设于长沙船山学社。毛泽东任指导主任,负实际领导责任。1921年8月16—20日,毛泽东为湖南自修大学起草的组织大纲在长沙《大公报》上连载。

图为船山学社。

北大红楼日志

感悟

八月·二十日

扫码听书

　　1923年8月21日,中国社会主义青年团第二次全国代表大会在南京东南大学召开。大会发表的宣言号召全国青年:"中国社会主义青年团是拥护青年利益的团体,中国的青年农民、工人、军人、学生等应当集合在他的旗子下面,为他们的目前利益奋斗。并且与全国国民携手合作,造成雄厚的国民革命势力,推倒帝国主义及军阀的强权。"

　　图为东南大学旧照。

北大红楼日志

感悟

八月·廿一日

扫码听书

1920年8月22日,在陈独秀倡议下,上海社会主义青年团在法租界老渔阳里2号成立,俞秀松任书记。陈独秀经常参加青年团领导机关会议,除了帮助上海建立团组织外,对湖南、广东及留法青年的建团工作都给予了关心和支持。

图为部分团员合影(前排左1罗亦农、左2袁笃实,后排左2俞秀松、左3谢文锦)。

北大红楼日志

感悟

八月·廿二日

扫码听书

1917年8月23日，毛泽东致信老师黎锦熙，探讨救国救民的"大本大源"问题。在湖南省立第一师范学校求学期间，毛泽东苦心励志，心系社会。

图为1917年8月23日毛泽东致黎锦熙的信。

北大红楼日志

感悟

八月·廿三日

扫码听书

1922年8月下旬，李大钊抵达上海。西湖会议前，李大钊给胡适写信，信中谈到不久将去杭州参加会议，商谈"结合'民主的联合战线'与反动派决战"的问题。西湖会议后，中共中央于同年10月从上海迁到北京，次年4月又迁回上海。

图为李大钊致胡适的信。

北大红楼日志

感悟

八月·廿四日

扫码听书

1922年8月,中国共产党长辛店支部成立,史文彬担任书记。这是京汉铁路工人中的第一个党支部。党支部成立后,长辛店的工人运动便在中共北方区委和中国劳动组合书记部的直接领导下开展起来。

图为邓中夏组织长辛店工人积极分子秘密上党课的二仙洞。

北大红楼日志

感悟

八月·廿五日

扫码听书

1922年8月26日，在长辛店工人的抗争下，铁路局被迫与工人代表谈判，答应了除工人参与铁路局人事权以外的全部条件。这标志着八月罢工取得了全面胜利。此前，因向铁路局提出的开除总管和工头、承认俱乐部有人事推荐权以及增加工资等要求迟迟得不到答复，长辛店工人决定开始罢工。

图为长辛店工人俱乐部会员佩戴过的证章。

北大红楼日志

感悟

八月·廿六日

扫码听书

1920年8月,上海的共产党早期组织成立,定名为"中国共产党",通过创办半公开的刊物《共产党》月刊,介绍革命理论和党的基本知识,推动建党工作的开展。

图为《共产党》月刊。

北大红楼日志

感悟

八月·廿七日

扫码听书

1907年8月，国家民族危亡之际，为"求得挽救民族、振奋国群之良策"，李大钊考入天津北洋法政专门学校，广泛接触"新学"。对于这段经历，李大钊回忆说："钊既入校，习法政诸学及英、日语学，随政治知识之日进，而再建中国之志趣亦日益腾高。"

图为李大钊（2排左4）与北洋法政专门学校本科直隶同学合影。

北大红楼日志

感悟

八月·廿八日

扫码听书

吃人與禮教

吳虞

我讀新青年裏魯迅君的任人日記不覺得發生了許多感想。我們中國人最妙是一面會吃人一面又能夠講禮教。吃人與禮教本來是極相矛盾的事然而他們在當時歷史上卻認爲並行不悖的遺憾正甚奇怪。

在人曰記內說：「我翻開歷史一查這歷史每葉上都寫着『仁義道德』幾個字仔細看了半夜鐽徙字縫裏看出字來滿本都寫着兩個字是『吃人』」我覺得他這日記把吃人的內容和仁義道德的表面看得清清楚楚那些戴着禮教假面具吃人的滑頭派都被他把黑幕撕破了我現在試舉幾個例來澄明他的說法：——

（1）左傳僖公九年，「周襄王使宰孔賜齊侯胙曰，『天子有事于文武使孔賜伯舅胙』」齊侯將下拜孔曰，「且有後命天子使孔曰，『以伯舅耋老加勞賜一級無下拜』」對曰，「天威不違顏咫尺小白余敢貪天子之命無下拜恐隕越于下以遺天子羞敢不下拜」下拜登受。這是記齊侯以文王武王之後拿祭肉分給齊侯說「齊侯年老可以不必下拜講君臣的禮節」齊侯

吃人與禮教

雖得襄王如此分付便同管仲商量管仲答道，「照着襲王分付的話做去不行舊的便成了胥君不君臣不臣那就是大亂的根本了。」齊謹……于是齊侯出去見客便說道，「天子如天孛孛不過威嚴常在顏面之前不敢不拜」據這樣看來齊侯是很講禮教的君若臣的綱常名敎就是屬于小小的一塊祭肉能有且講禮敎的人連祭肉進口也不必冷這就是如今剖近被傳好錄的老先生讚禮敎進步加增也就位的「易牙爲其子首而遺之」之所未暮食唯人肉耳易牙烝其首子而遺之」管子說道，「易牙以闊和事公曰，『惟蒸嬰兒之未嘗』於是烝其首子而獻之」「戴子漱誓挍正治要」「首子」作「子首」然而我人考辟非子袭过，「易牙爲君主味雖民五氣之首」「然而我人考辟非子袭過」「易牙爲君主味」「少與九合諸侯以兵車陵邱大會」「同書九合諸侯不以兵車陵邱大會」說了多少「殊不幸無以要籩敬老君幼」等等仁義道德的門面話即如他不但是姑姊妹不嫁的就有七個人而且是一位吃人肉的登不是怪事好像如今講禮敎學的人家中詮釐都有他反毀家庭不願護講改革表最相差未免太猛熱而

北大红楼日志

感悟

八月·廿九日

扫码听书

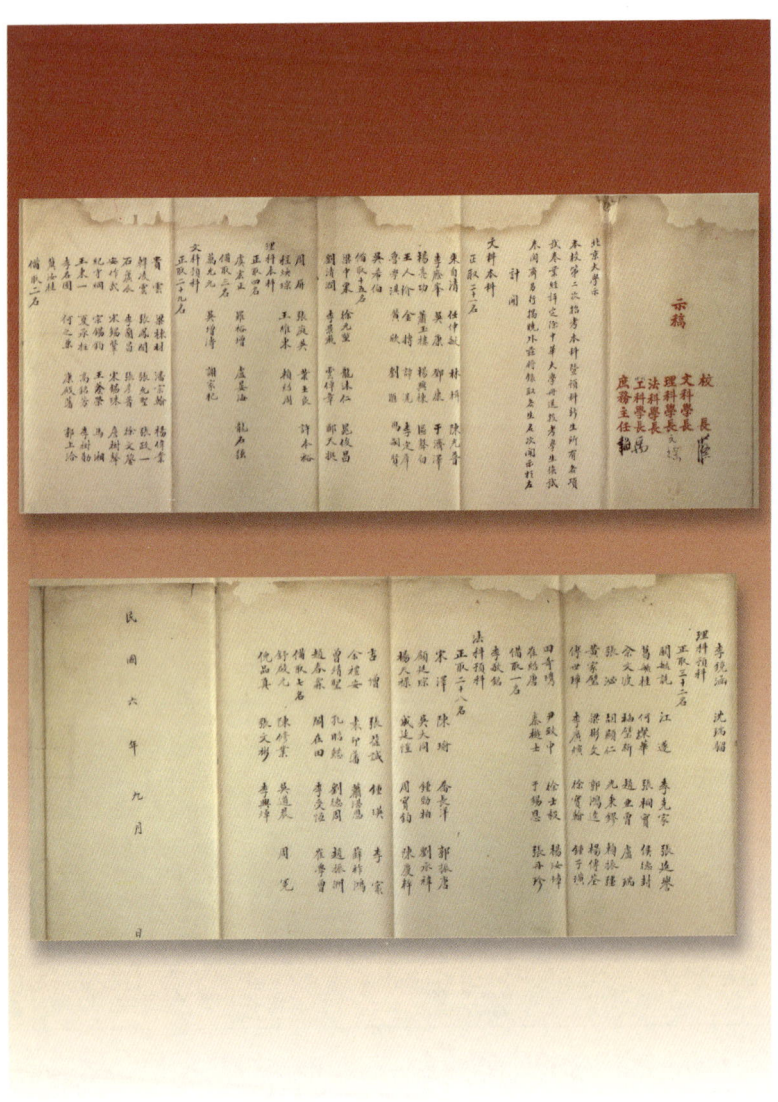

1917年夏，北京大学公布第二次招考本科及预科录取名单。其中文科本科名单中有朱自清、邓中夏等。

图为此次录取名单。

北大红楼日志

感悟

八月·三十日

扫码听书

1918年8月31日,北京大学红楼在沙滩建成,其整体建筑风格朴素,外观坚实、庄重,主体色彩呈红色,故名红楼。它是北京大学文科、校部、图书馆所在地。

图为1920年的北京大学红楼。

北大红楼日志

感悟

八月·卅一日

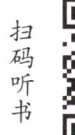

九月

1916年9月1日,时任《晨钟报》编辑主任的李大钊在《新青年》第2卷第1号上发表《青春》一文,希望广大青年站在时代前列,做有为的新青年。他呼吁:"以青春之我,创建青春之家庭、青春之国家、青春之民族、青春之人类、青春之地球、青春之宇宙"。

图为《青春》。

北大红楼日志

感悟

九月·一日

扫码听书

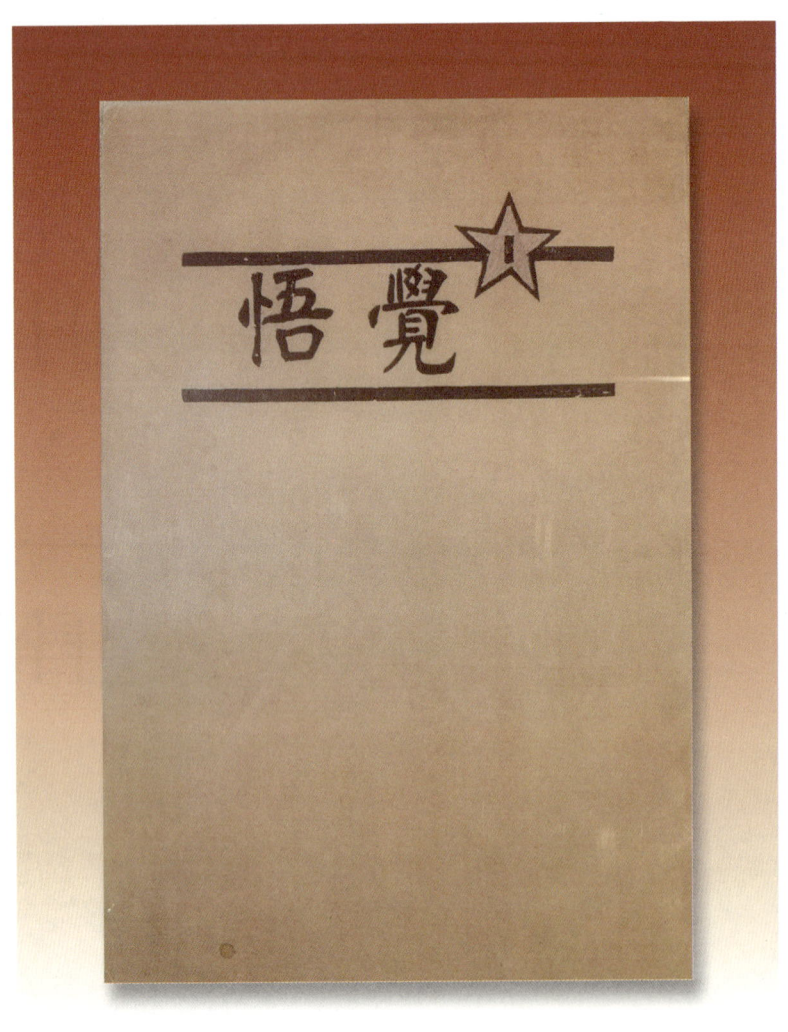

1919年9月2日,周恩来等学生代表从北京返回天津。途中,周恩来与其他学生代表总结了斗争的经验教训,提出筹办觉悟社,并且出版一种刊物。后来,觉悟社成立,刊物也定名为《觉悟》。

图为觉悟社创办的《觉悟》杂志。

北大红楼日志

九月·二日

感悟

扫码听书

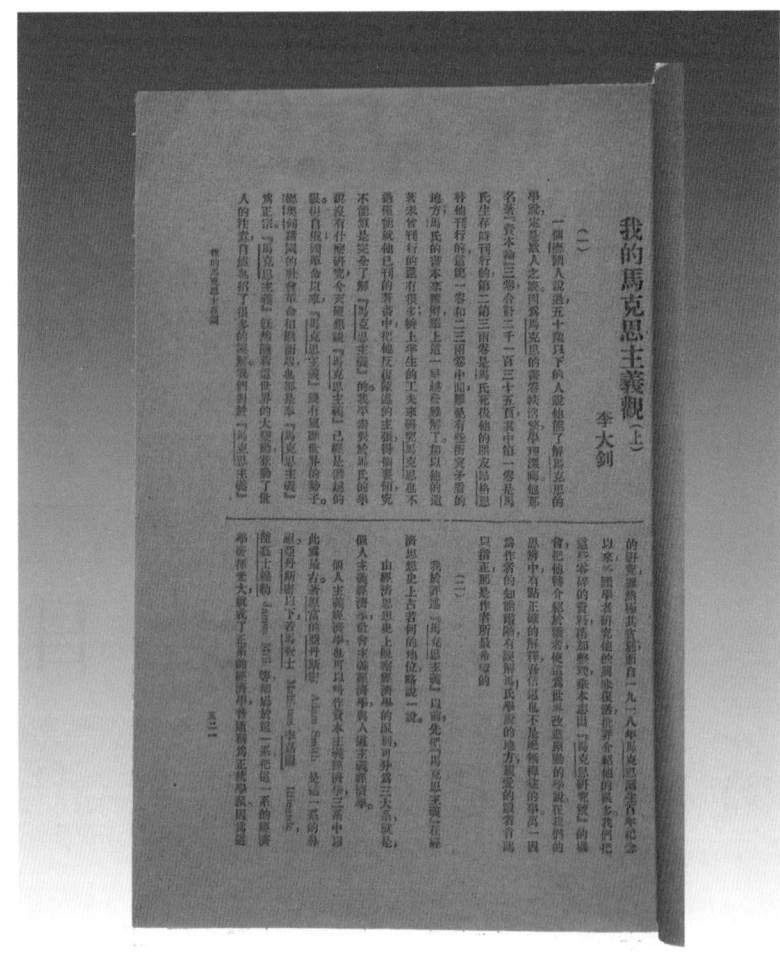

1919年9月、11月，李大钊在《新青年》第6卷第5号"马克思研究专号"、第6卷第6号上发表《我的马克思主义观》。该文系统介绍了马克思主义唯物史观、政治经济学和科学社会主义的基本原理，充分肯定了马克思主义的历史地位。该文的发表，表明李大钊完成了从民主主义者向马克思主义者的转变，标志着马克思主义在中国进入比较系统的传播阶段。

图为《我的马克思主义观》(上)。

北大红楼日志

感悟

九月·三日

扫码听书

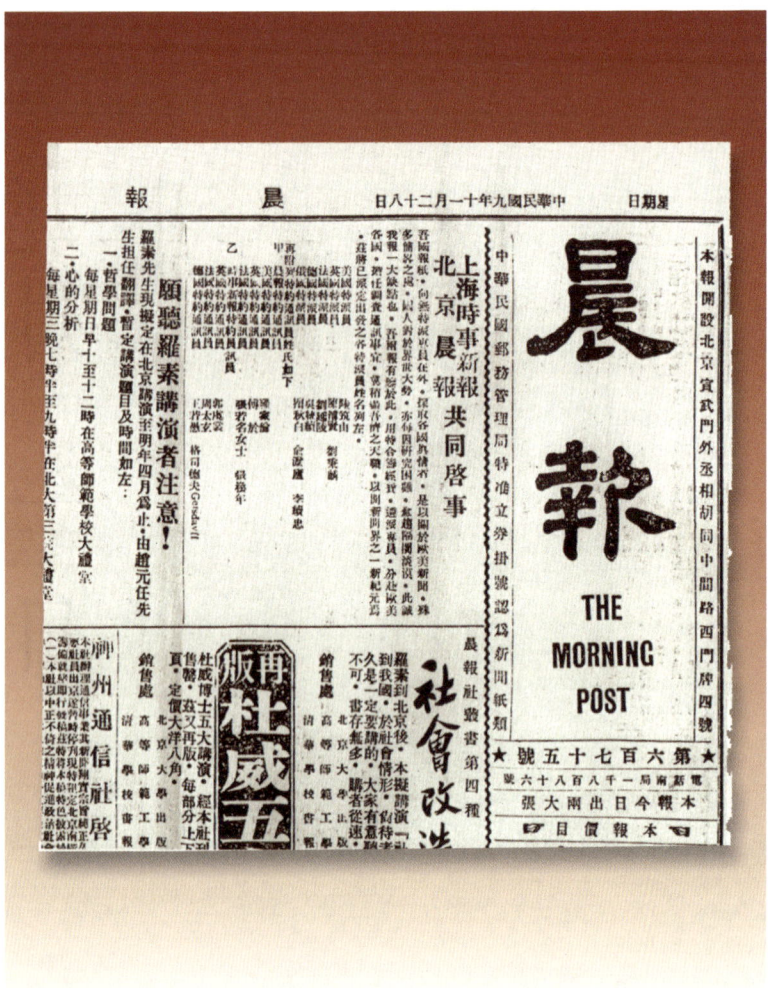

1920年9月,瞿秋白接受北京《晨报》聘请,准备以特派记者身份赴苏俄考察十月革命后苏俄的实际情况。此前,北京《晨报》社和上海《时事新报》社为就世界各国大势进行直接采访和报道,决定派出一批驻外记者。

图为北京《晨报》上刊登的共同启事。

北大红楼日志

感悟

九月·四日

扫码听书

1921年9月，中国劳动组合书记部北方分部在北京成立，负责领导北方12个省、16个大中城市和京汉、京绥、津浦等铁路沿线的工人斗争。

图为《中国劳动组合书记部宣言》。

北大红楼日志

感悟

九月·五日

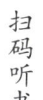

扫码听书

1919年9月,在天津进行革命活动的俄共(布)哈尔滨秘密支部党员布尔特曼同李大钊、邓中夏取得了联系。布尔特曼称李大钊为"卓越的马克思主义者"。

图为记载布尔特曼活动的俄文书籍《在革命的火焰中》。

北大红楼日志

感悟

九月·六日

扫码听书

1919年9月，在李大钊的帮助下，于方舟等人在天津英租界（今建设路）芸芳里2号组织了新生社，创办《新生》杂志，同周恩来领导的觉悟社一起为团结天津进步青年、传播革命真理开展斗争。

图为《新生》杂志。

北大红楼日志

感悟

九月·七日

扫码听书

1914年9月8日,李大钊进入早稻田大学政治经济学科学习。其间,他积极参加留日学生爱国运动,广泛阅读社会科学著作,开始接触关于马克思主义的著作。

图为李大钊在日本东京留影。

北大红楼日志

感悟

九月·八日

扫码听书

1921年9月,济南学生王尽美、邓恩铭同北京大学马克思学说研究会取得联系,学习交流传播马克思主义的经验,并在山东开展马克思主义研究和宣传活动。

图为济南马克思学说研究会旧址。

北大红楼日志

感悟

九月·九日

扫码听书

1917年9月10日，在陈独秀极力推荐下，胡适被蔡元培聘为北大文科教授兼哲学研究所主任。

图为胡适。

北大红楼日志

感悟

九月·十日

扫码听书

1921年9月11日，在李大钊的指导和支持下，于树德、安体诚创办天津第一所工人学校——天津工余补习学校。该校成为开展革命活动、培养革命骨干和推动工人运动的重要阵地。

图为天津工余补习学校开学式上的合影。

北大红楼日志

感悟

九月·十一日

扫码听书

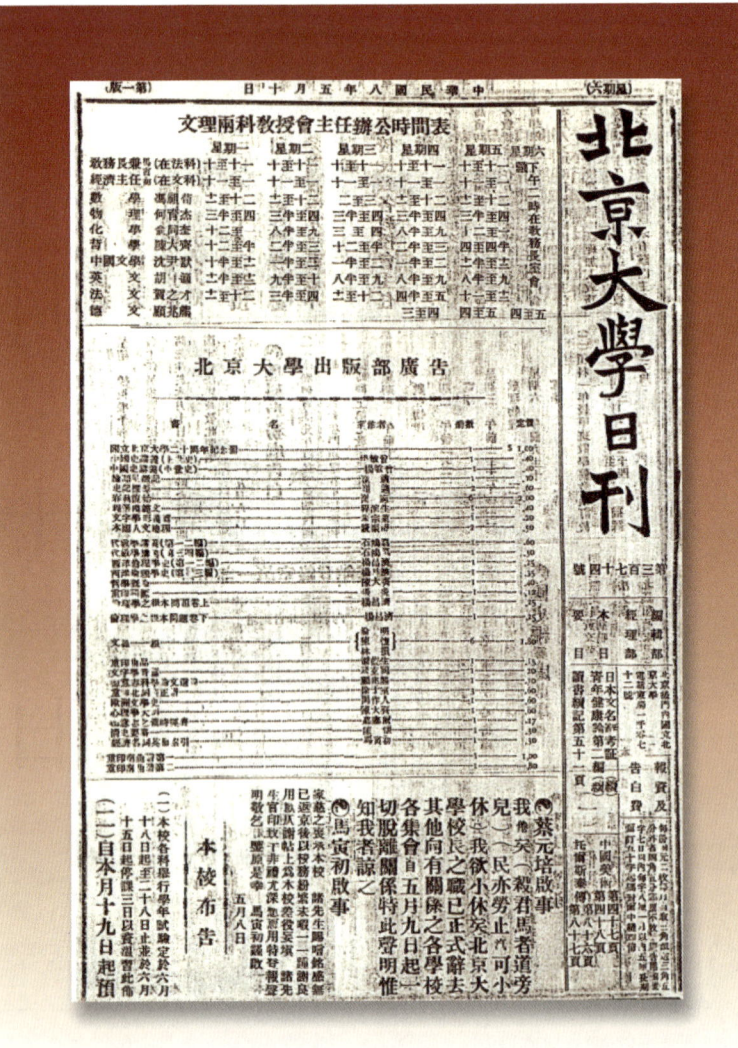

1919年9月12日,蔡元培返回北京,重新主持北大校务。此前,蔡元培在北洋政府施压下辞职。

图为1919年5月10日《北京大学日刊》上刊登的关于蔡元培辞职的启事。

北大红楼日志

感悟

九月·十二日

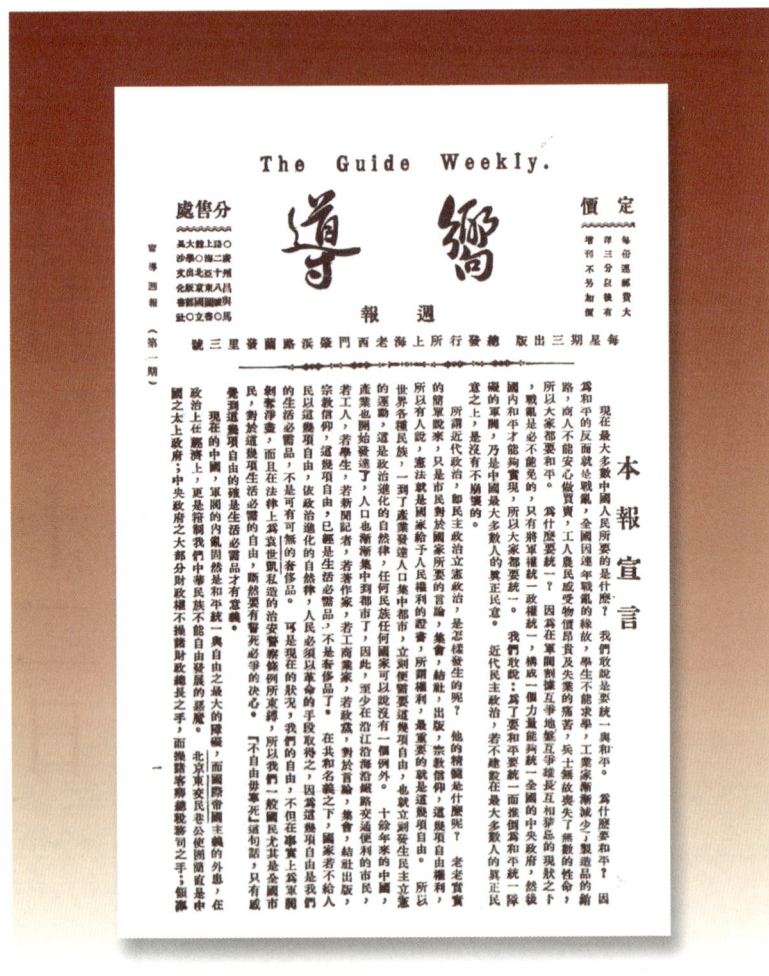

1922年9月13日,中共中央在上海创办了政治机关报《向导》周报。该报于同年10月迁往北京,1927年停刊,共出版201期。李大钊曾主持《向导》周报在北京的出版、发行工作,旗帜鲜明地宣传中国共产党的反帝反封建的民主革命纲领,在革命斗争中发挥了舆论宣传和政策指导的作用。

图为《向导》周报。

北大红楼日志

感 悟

九月·十三日

扫码听书

1921年9月14日,李大钊出席少年中国学会北京会员谈话会。会议商定推举杨钟健为执行部正主任,陈仲瑜为副主任。

图为李大钊(右3)同少年中国学会北京会员的合影。

北大红楼日志

感悟

九月·十四日

扫码听书

　　1915年9月15日,陈独秀在上海创办《青年杂志》。次年该杂志更名为《新青年》。以《青年杂志》出版为标志,思想文化领域掀起了以民主和科学为旗帜,向旧思想、旧道德、旧文化宣战的新文化运动,一股波澜壮阔的思想解放潮流蓬勃兴起。

　　图为《青年杂志》创刊号及该杂志更名为《新青年》后出版的首期(第2卷第1号)。

北大红楼日志

感悟

九月·十五日

扫码听书

1919年9月16日,周恩来、邓颖超、马骏等在天津发起成立青年学生进步团体——觉悟社。该社宗旨是"本着反省、实行、持久、奋斗、活泼、愉快、牺牲、创造、批评、互助的精神,求适应于'人'的生活——做学生方面的'思想改造'事业"。

图为觉悟社部分成员1920年合影(前排右3为邓颖超,后排右1为周恩来、右5为马骏)。

北大红楼日志

感悟

九月·十六日

扫码听书

1924年9月,中共天津地委在法租界24号路普爱里34号(今和平区长春道普爱里21号)成立。此前,于树德等5名共产党员和候补党员成立天津党小组。天津党小组直接隶属于中共北京区委。

图为中共天津地委旧址。

北大红楼日志

感悟

九月・十七日

扫码听书

1922年9月18日，安源路矿两局不得不签字承认工人所提出的条件，安源路矿工人罢工取得了全面胜利。当天，路矿工人游行庆祝罢工胜利。之后，安源工人俱乐部会员由700人迅速发展到17000多人。

图为安源路矿工人在罢工胜利后的合影。

北大红楼日志

感悟

九月·十八日

扫码听书

　　1924年9月，中共北京区委派马骏到吉林私立毓文中学任教并兼训育主任，发展团员。马骏利用工作之便，举办周末讲演会，宣传马克思主义、十月革命和五四运动。此后，楚图南、郭乃岑等也先后到该校任教。1925年11月，共青团吉林特别支部成立。

　　图为马骏。

北大红楼日志

感 悟

九月·十九日

扫码听书

1918年9月20日，陈独秀在北京大学开学典礼上发表演说，指出大学生求学目的可分为三类，其中，只有"研究学理"，"始与大学适合"。为此，他支持学校多购置图书、广设阅览室，为学生提供良好的学习条件。

图为北京大学图书馆中文书库。

北大红楼日志

感悟

九月·二十日

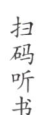

扫码听书

　　1921年9月21日，为争取开放里昂中法大学，蔡和森、赵世炎、陈毅、李立三率领的125人先发队进占里昂中法大学，随后遭到拘禁并被押遣回国。此前，中法政府停发勤工俭学生的维持费，并拒绝收录勤工俭学生入读里昂中法大学。此次斗争使广大勤工俭学生认识到建立一个统一的共产主义组织的必要性，坚定了共产主义信仰，积极投身共产主义事业。

　　图为里昂中法大学校门。

北大红楼日志

感悟

九月·廿一日

扫码听书

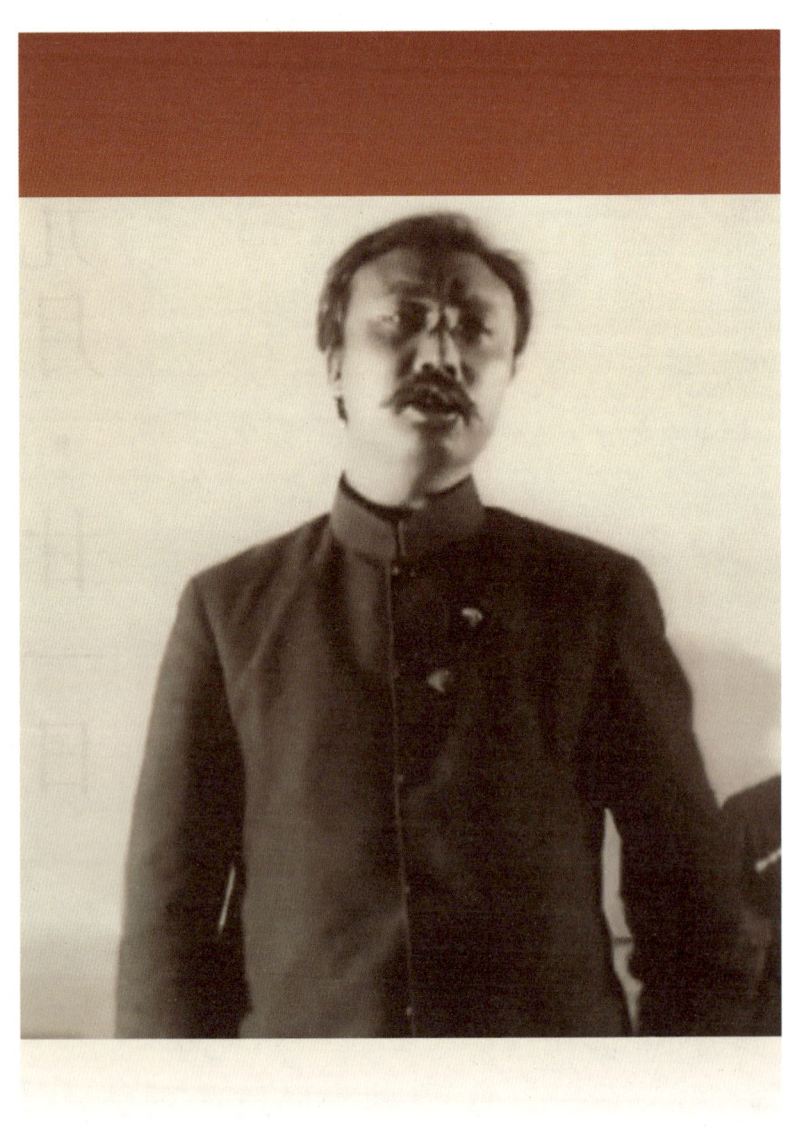

1924年9月22日，李大钊参加莫斯科"不许干涉中国协会"组织的在莫斯科国家大剧院举行的群众集会，并发表演讲。

图为在莫斯科国家大剧院发表演讲的李大钊。

北大红楼日志

感悟

九月·廿二日

扫码听书

1925年9月,在中共北方区委的直接领导下,中共奉天(今沈阳)支部成立,任国桢为书记。该支部是中国共产党在奉天的第一个地方组织。此前的1925年春,中共北京区委指派任国桢到奉天开展建党工作。同年7月,任国桢通过创办"暑期学校",组织"同志会",发展了一批共产党员和共青团员。

图为任国桢。

北大红楼日志

感悟

九月·廿三日

扫码听书

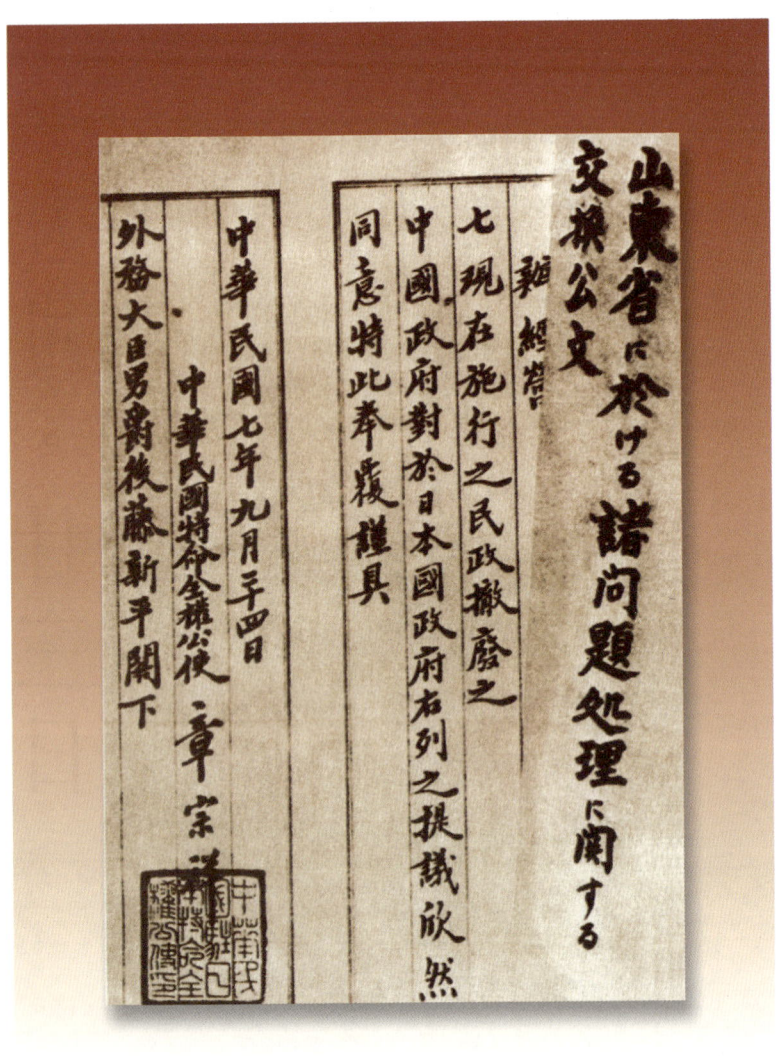

1918年9月24日,北洋政府与日本秘密达成"山东问题换文"。后来在巴黎和会期间,日本政府以此"换文"为借口,拒不向中国政府归还山东权利。

图为驻日公使章宗祥签字同意的"山东问题换文"文件书影。

北大红楼日志

感悟

九月·廿四日

扫码听书

1918年9月25日，蔡元培召集李大钊、陈独秀、胡适等人开会，决议从学校编译处经费中拨款资助中国科学社。此前，胡明复博士致信蔡元培，请求北大帮助中国科学社解决资金困难。

图为《新青年》上刊登的由中国科学社发行的《科学》杂志之广告。

北大红楼日志

感悟

九月·廿五日

扫码听书

1918年9月26日，鲁迅撰写《随感录·三十三》，对宣传迷信和无知的封建卫道者予以抨击。他指出："现有一班好讲鬼话的人，最恨科学，因为科学能教道理明白，能教人思路清楚，不许鬼混"。

图为鲁迅《随感录》手稿。

北大红楼日志

感悟

九月·廿六日

扫码听书

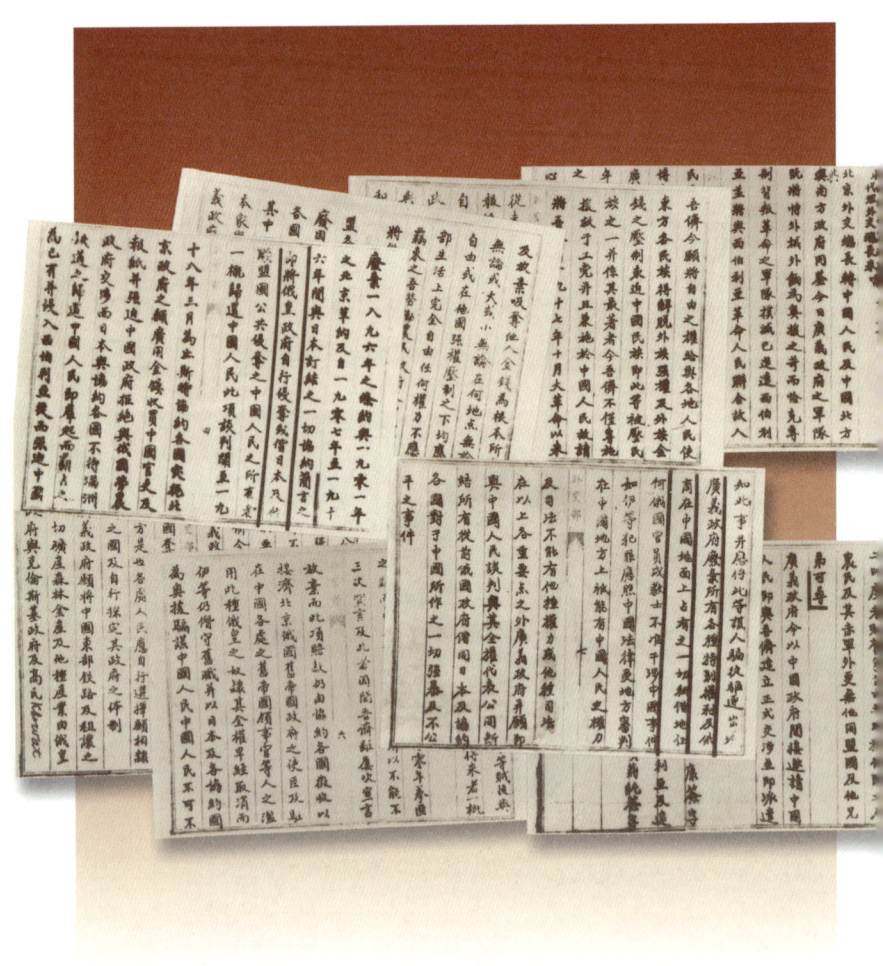

1920年9月27日，列宁领导的苏俄政府发表第二次对华宣言，宣布废除沙俄政府同中国签订的不平等条约，放弃在中国的特权。这一举措受到中国人民的热烈欢迎，也吸引了更多的中国先进分子关注苏俄的内外政策，对十月革命在中国的影响力的扩大和科学社会主义在中国的传播，起到了重要的促进作用。

图为苏俄政府第一次对华宣言抄件。

北大红楼日志

感悟

九月·廿七日

扫码听书

随感錄

(一)

學術何以可貴曰以靡吾德慧厚吾生文明之別於野蠻人類之別於其他動物也以此學術為吾人類公有之利器無古今中外之別此學術之要旨也必明乎此始可與言學術之國粹論者不明此義也吾人之於學術只當論其是不是不當論其古不古只當論其粹不粹不當論其國不國以其無中外古今之別也中國學術隆於晚周差比歐羅巴古之希臘所不同者歐羅巴之學術自希臘記今日進之不已近數百年百科朋興益非古人所能夢見中國之學術則自晚周而後日就衰落耳以保存國粹論晚周以來之學術披沙豈不可以得金然今之歐羅巴學術之隆遠邁往古吾人直徑取用較之沙豈以求之也況夫沙中之金量少而不易識別彼盲目之國粹論者守缺抱殘往往舍國而不粹以沙為金豈不更可憫乎

吾人尚論學術必守三戒一曰勿尊聖尊聖者以為羣言必折中於聖人而聖人豈耶教所謂全知全能之上帝乎二曰勿尊古尊古者以為學不師古則卑無足取豈知古人亦無所師乎犯此二戒則學術將無進步之可言三曰勿尊國尊國者以為「鄰孽國聞外勵進民德之道」<small>(用《羣起之語》)</small>夫尊習國聞

三四一

北大红楼日志

感悟

九月·廿八日

扫码听书

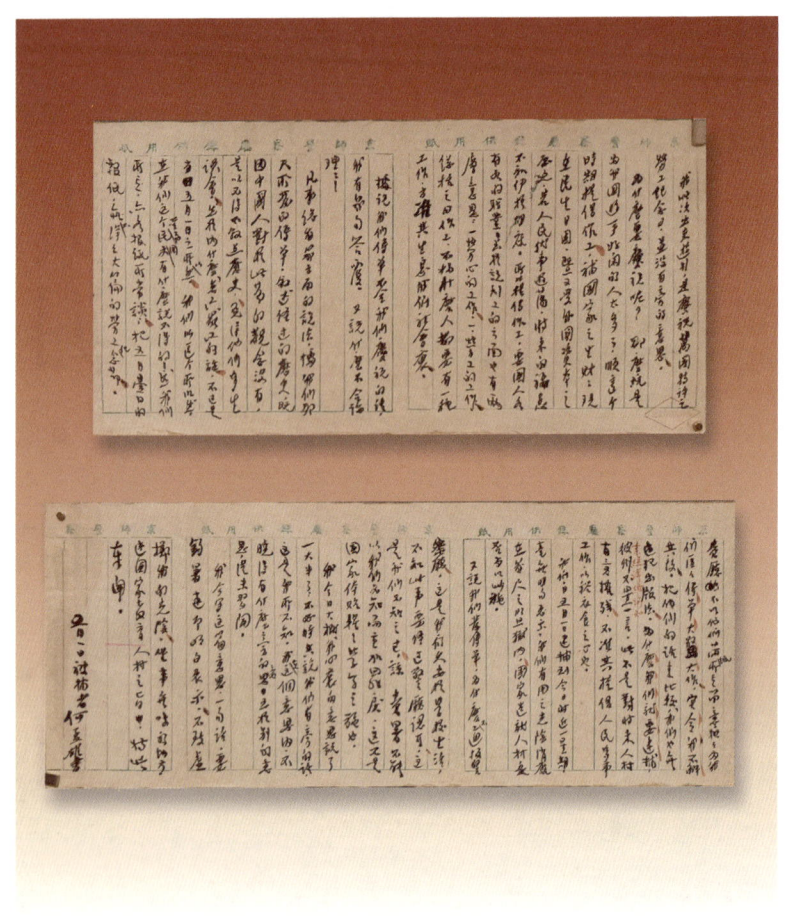

　　1921年9月29日,《北京大学日刊》刊载了朱务善撰写的《北京大学平民教育讲演团缘起及组织大纲》。朱务善在该文中说:"本团……以增进平民智识为目的,以露天讲演为达到其目的之方法"。

　　图为《国立北京大学关于平民教育讲演团借用演讲所地址事宜致京师学务局的公函(附:北大学生会讲演团讲演表)及学务局给讲演经理员的训令》。

北大红楼日志

感悟

九月·廿九日

扫码听书

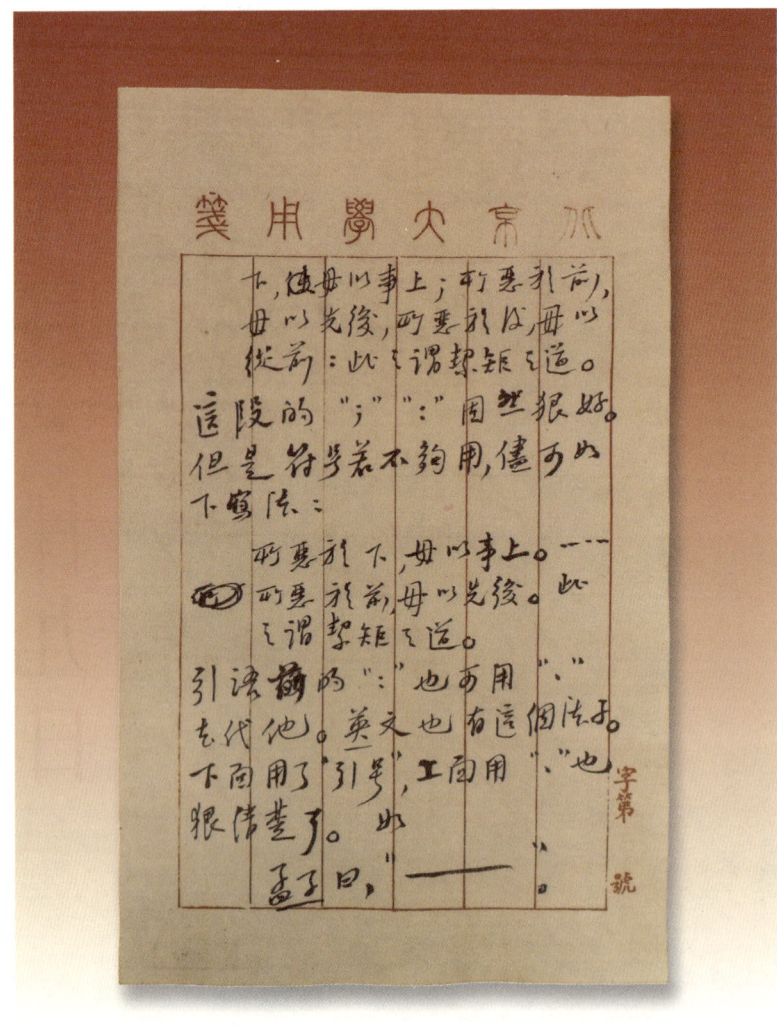

1917年9月30日，胡适致信钱玄同，探讨标点符号的设计和使用问题。自同月胡适抵达北京后，钱玄同三次拜访，此后二人多次通信商讨标点符号问题。1919年11月，二人同马裕藻、刘半农等人联名向教育部提出了《请颁行新式标点符号议案》。

图为胡适关于标点符号问题致钱玄同的信。

北大红楼日志

感悟

九月·三十日

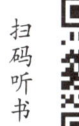

扫码听书

十月

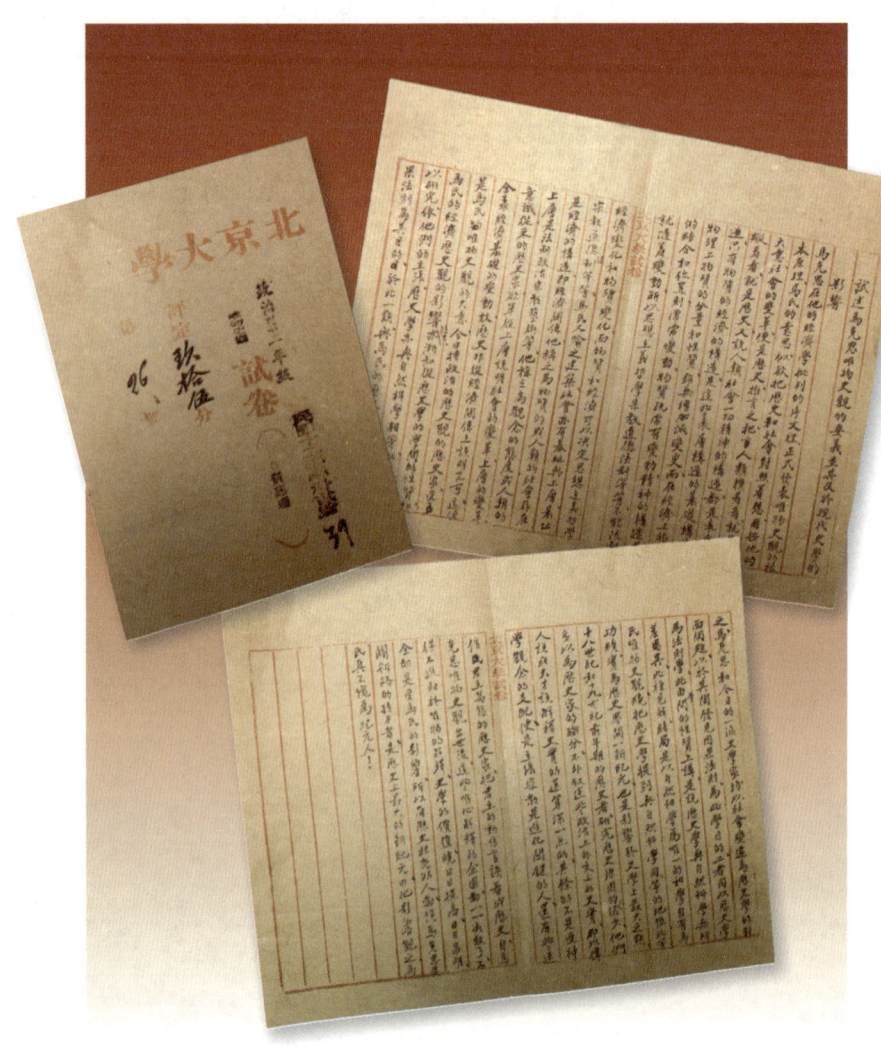

1920年10月1日,《北京大学日刊》刊登《注册部通告》,公告李大钊担任史学系唯物史观研究一事。同月,李大钊开始兼任史学系教授,并负责史学系"唯物史观研究"课程的讲授。

图为李大钊批阅的北京大学学生贺廷珊的"唯物史观"试卷。

北大红楼日志

感悟

十月·一日

扫码听书

1922年10月2日，北京大学音乐传习所正式开学。蔡元培任所长，萧友梅任教务主任。该所为培养音乐人才、传习西洋音乐、发扬中国古乐做出了大量开创性工作。

图为北京大学管弦乐队全体合影。

北大红楼日志

感悟

十月·二日

扫码听书

1920年10月,李大钊委派北京的共产党早期组织成员张太雷(原天津北洋大学学生)赴天津,创建天津社会主义青年团,张太雷任书记。

图为天津社会主义青年团旧址。

北大红楼日志

感悟

十月·三日

扫码听书

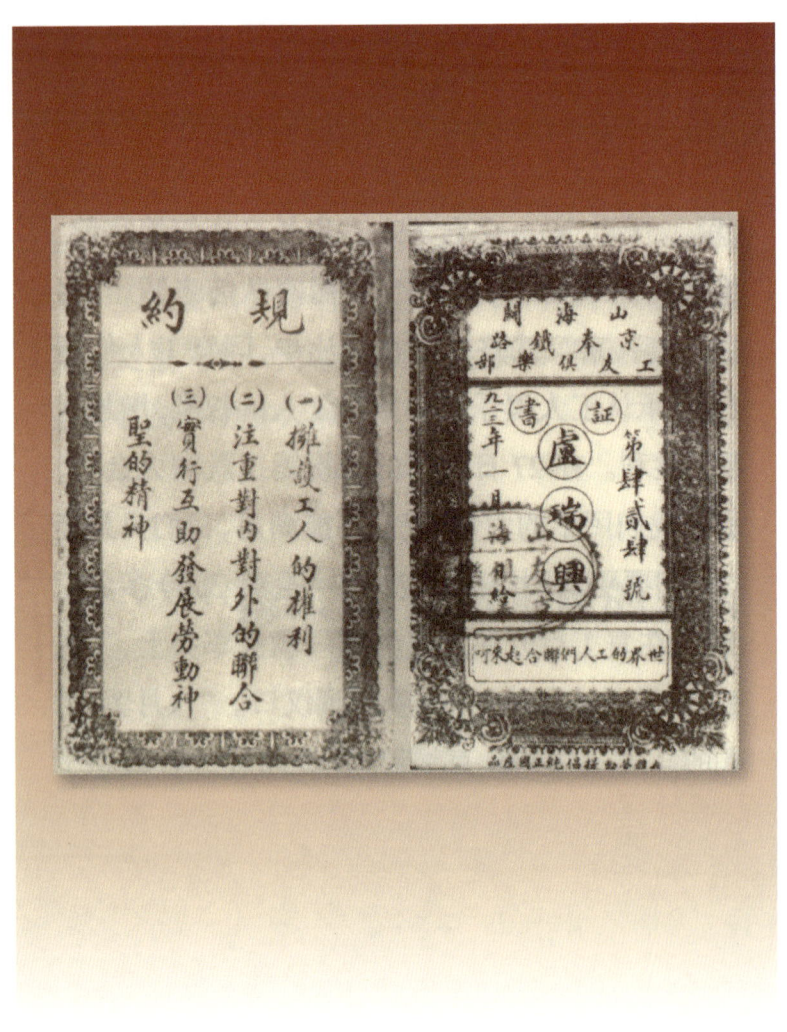

1922年10月4日,在中国劳动组合书记部北方分部副主任王尽美的领导下,山海关铁路工厂工人举行了全厂大罢工,参加者有1100多人。长辛店、江岸、唐山等地工会纷纷来人来电表示支援。

图为京奉铁路工友俱乐部会员证。

北大红楼日志

感悟

十月·四日

扫码听书

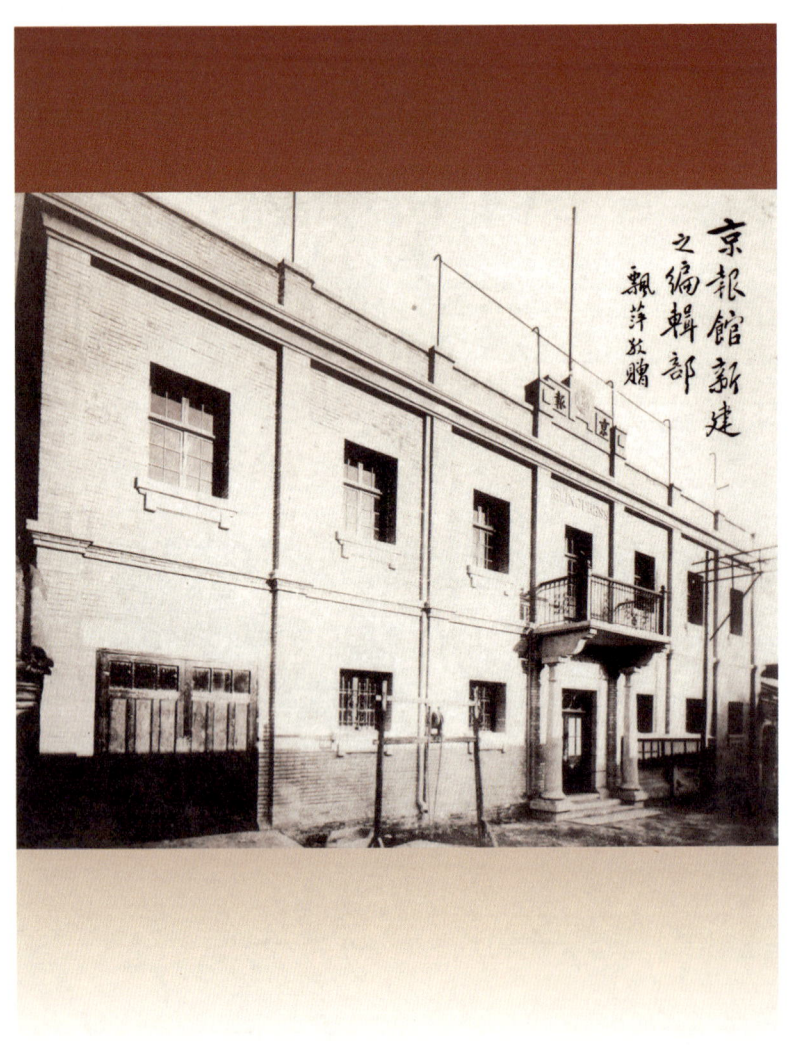

1918年10月5日,邵飘萍创办《京报》,并积极参与创建北京大学新闻学研究会。《京报》锐意革新,大量报道革命新闻,逐渐成为北方地区进步舆论的重要阵地。

图为京报馆旧址。

北大红楼日志

感悟

十月·五日

扫码听书

　　1918年10月6日，毛泽东与蔡和森、萧子升到保定，迎接第二批准备赴法勤工俭学的30多位湖南青年。此前的同年6月，新民学会会议认为留法勤工俭学很有必要，应尽力进行，推举蔡和森、萧子升"专负进行之责"。

　　图为毛泽东在保定期间所住的北唐家胡同第一客栈。

北大红楼日志

感悟

十月·六日

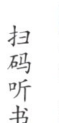

扫码听书

1922年10月初,陈独秀与刘仁静一起前往彼得格勒(今圣彼得堡),出席共产国际第四次代表大会,刘仁静作了有关中国形势的报告。

图为刘仁静。

北大红楼日志

感悟

十月·七日

扫码听书

1917年10月8日,受新思潮影响,恽代英等在武昌成立互助社。该互助社以"群策群力,自助助人"为宗旨,是武汉地区成立最早、影响最大的进步团体。

图为恽代英。

北大红楼日志

感悟

十月·八日

扫码听书

　　1902年10月,京师大学堂藏书楼正式成立,这是中国最早的大学图书馆。其成立之初,使用的馆舍是马神庙和嘉公主府的梳妆楼,条件相当简陋。辛亥革命后,京师大学堂更名为北京大学校,京师大学堂藏书楼亦更名为北京大学图书馆,并在馆舍西侧增建了一座西文阅览室——俗称西文藏书楼,原藏书楼用作中文阅览室,使整个馆舍规模有了一定的扩展。

　　图为京师大学堂教职员在藏书楼前合影。

北大红楼日志

感悟

十月·九日

扫码听书

　　1918年10月,毛泽东经杨昌济介绍,认识时任北京大学图书馆主任的李大钊。征得蔡元培同意,毛泽东被安排在图书馆当图书馆书记,负责新到报刊和阅览人姓名的登记工作,月薪八块银圆。由于工作关系,毛泽东时常到李大钊处请教,读到一些传播马克思主义的书刊,并参加李大钊组织的学生研讨各种新思潮的活动。

　　图为毛泽东工作过的阅览室。

北大红楼日志

感悟

十月·十日

扫码听书

　　1920年10月11日,北京大学哲学系教授会主任蒋梦麟发布规定:哲学系因废除选课时的年级限制,故应遵守(1)第一外国语和第二外国语皆为必修课;(2)4年中哲学系学生至少共需选修12门本系课程,平均每年3门,但1年中不必限定此数;(3)其他课程可于其他系中选修,但必须修满80个单位。

　　图为李大钊、胡适、蔡元培、蒋梦麟四人合影(右起)。

北大红楼日志

感悟

十月·十一日

扫码听书

  1921年10月12日,《晨报》副刊改出四开四版的单张,改名为《晨报副镌》。《晨报副镌》主编孙伏园回忆说:"《晨报》第七版,最初是由李大钊同志主编。他到北大教书,兼做图书馆馆长之后,在1920年就由我主编了。……(鲁迅)那时写的稿,除了登在《新青年》上的以外,大都寄给晨报附刊(副镌)了。有杂感、小说,也有翻译。像'阿Q正传'就是用'巴人'这个笔名在晨报附刊(副镌)上连载的。"

  图为《晨报副镌》。

北大红楼日志

感悟

十月·十二日

扫码听书

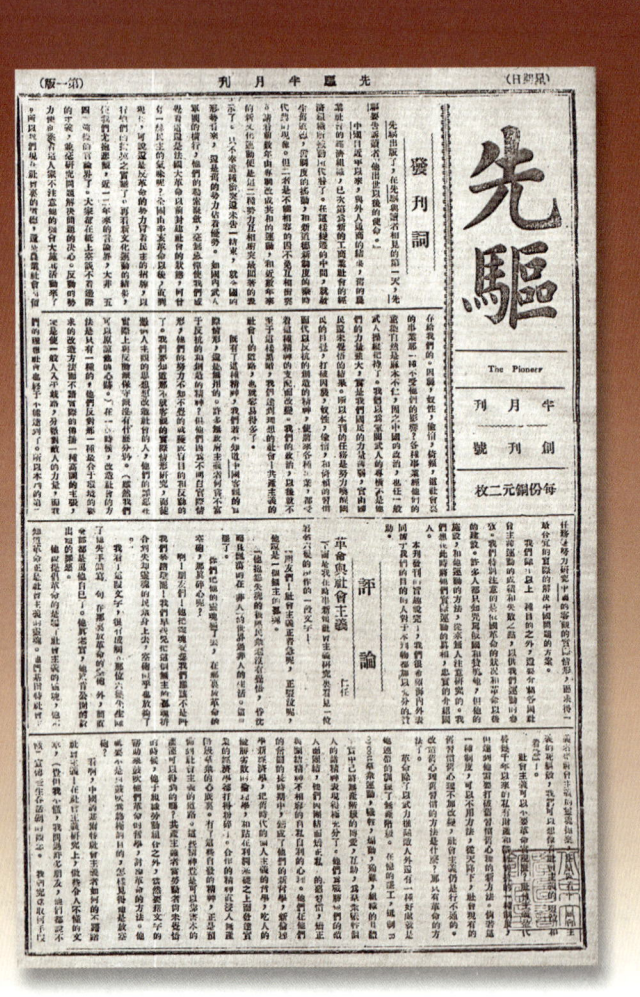

1920年10月,邓中夏、高君宇等秘密筹备组织"社会主义青年团",并将他们草拟的北京社会主义青年团团章寄给毛泽东。次月,北京社会主义青年团在北京大学学生会办公室成立。

图为北京社会主义青年团机关刊物《先驱》。

北大红楼日志

感悟

十月·十三日

扫码听书

1918年10月14日，北京大学新闻学研究会召开成立会，蔡元培任会长，徐宝璜为主任导师，邵飘萍为兼任导师。毛泽东在京期间参加了北京大学新闻学研究会和哲学研究会，并在新闻学研究会听《京报》社长邵飘萍讲授"新闻工作的理论与实践"课程。

图为《北京大学日刊》上刊登的《新闻研究会启事》《新闻研究会成立记》。

北大红楼日志

感悟

十月·十四日

扫码听书

1923年10月15日,中国社会主义青年团中央执行局致函各地团组织,决定创办《青年工人》《中国青年》等刊物。5天后,中国社会主义青年团中央机关刊物《中国青年》在上海正式创刊,恽代英为第一任主编。

图为《中国青年》。

北大红楼日志

感悟

十月·十五日

扫码听书

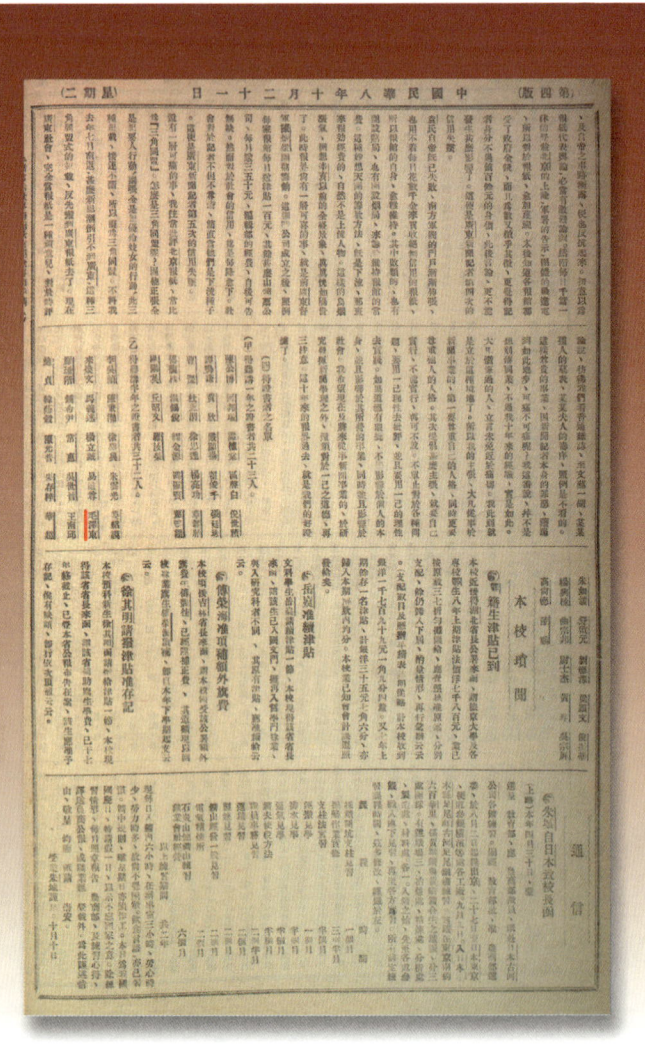

1919年10月16日,北京大学新闻学研究会向55人颁发听课证书,毛泽东的名字出现在"得听讲半年之证书者"名单上。

图为《北京大学日刊》上刊登的"得听讲半年之证书者"。

北大红楼日志

感悟

十月·十六日

扫码听书

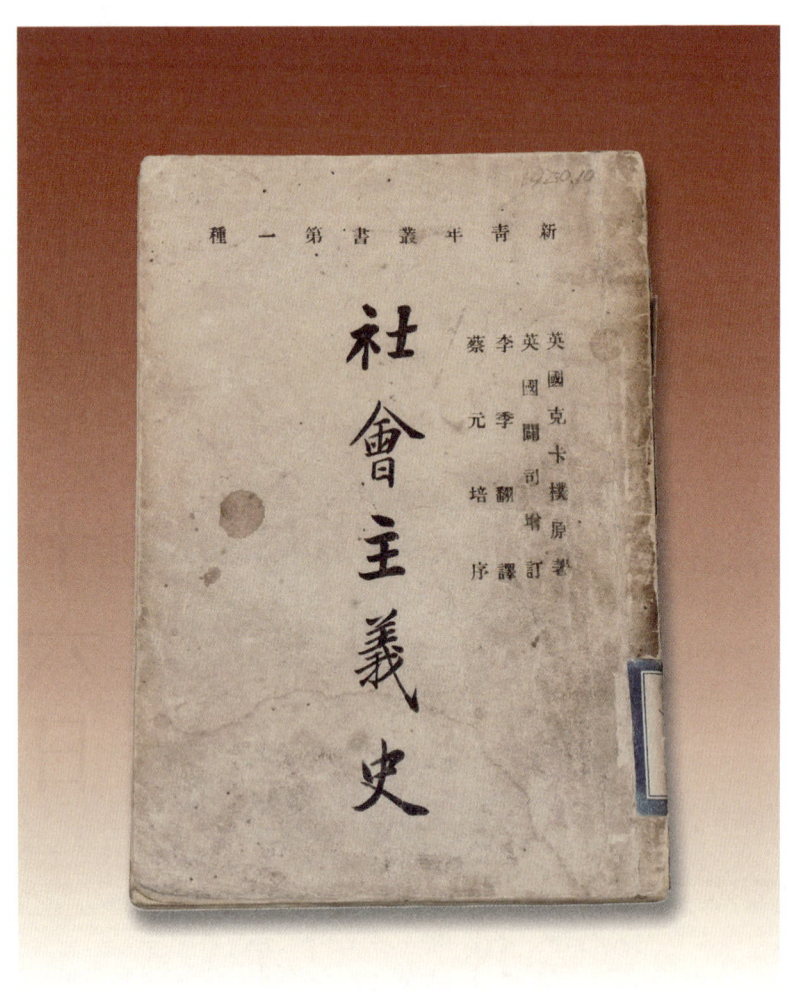

1920年10月,李季翻译的《社会主义史》出版。上海的共产党早期组织翻译出版的许多马克思主义经典著作,对先进青年确立马克思主义信仰、树立共产主义世界观产生了极大影响。

图为李季翻译的《社会主义史》。

北大红楼日志

感悟

十月·十七日

扫码听书

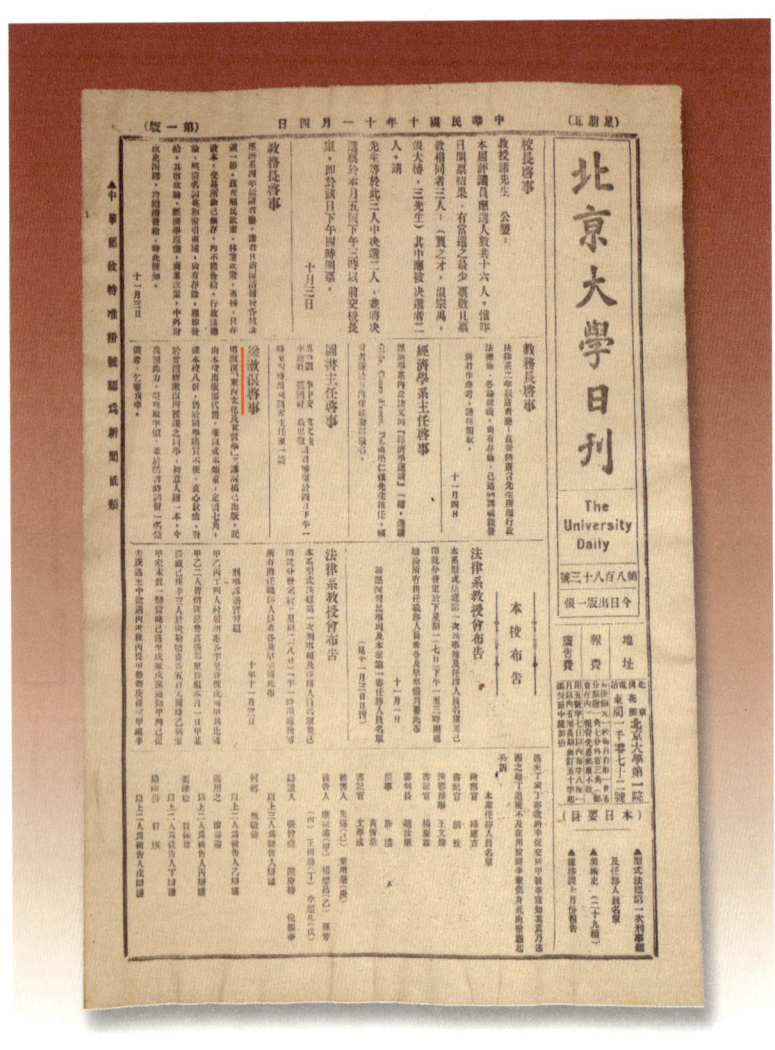

1923年10月18日,梁漱溟在北京大学第三院大礼堂发表《答胡适之先生评〈东西文化及其哲学〉》的演讲。

图为梁漱溟关于《东西文化及其哲学》的出版启事。

北大红楼日志

感悟

十月·十八日

扫码听书

1922年10月，李大钊派人到石家庄组织工业研究会传习所，以传习所名义开展工人运动。在中国共产党成立后，李大钊代表党中央指导北方地区党的工作，积极领导北方党组织开展工人运动。

图为正太工业研究会传习所成立时代表合影。

北大红楼日志

感悟

十月·十九日

扫码听书

1918年10月20日,北京大学成立了国民杂志社,其宗旨为"增进国民人格、灌输国民常识、研究学术、提倡国货",李大钊担任顾问。

图为1919年10月国民杂志社成立一周年纪念合影。

北大红楼日志

感悟

十月·二十日

扫码听书

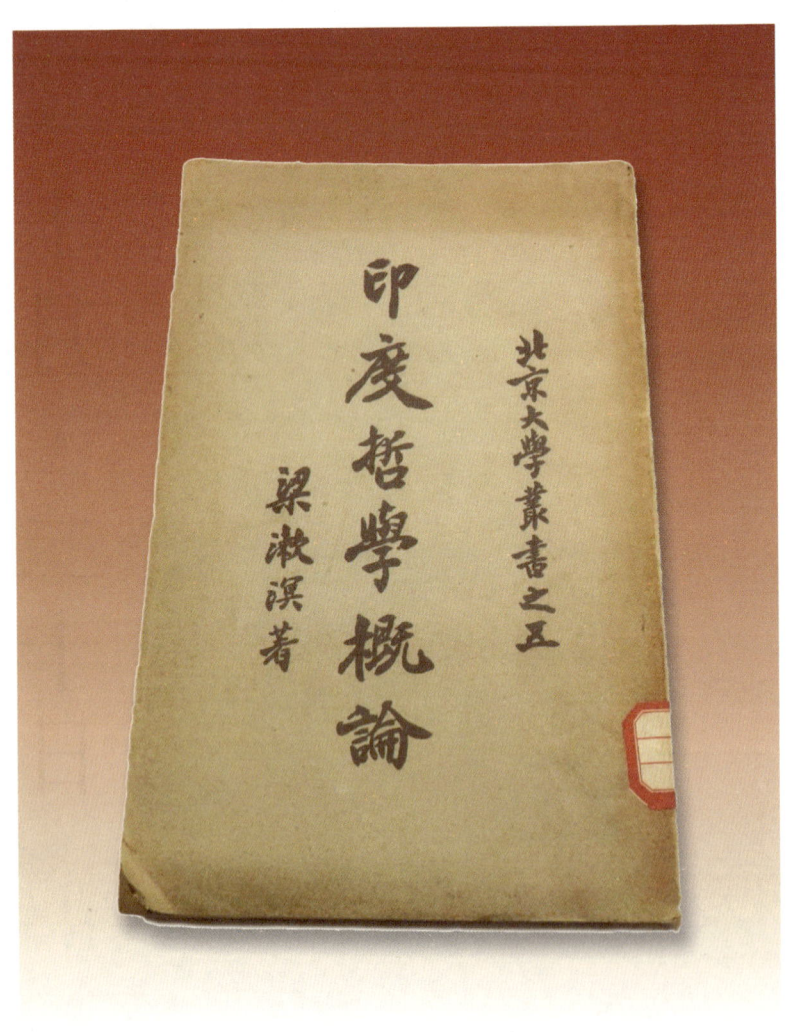

1917年10月,年仅24岁的梁漱溟登上北京大学讲台,为学生讲授印度哲学。蔡元培不拘一格用人才,聘任梁漱溟,成为教育史上的美谈。

图为梁漱溟所著《印度哲学概论》。

北大红楼日志

感悟

十月·廿一日

扫码听书

1918年10月22日，李大钊在《北京大学日刊》上发布通知，公告北京大学图书馆从马神庙迁至北京大学红楼。

图为旧址复原：北大红楼图书馆登录室。

北大红楼日志

感悟

十月·廿二日

扫码听书

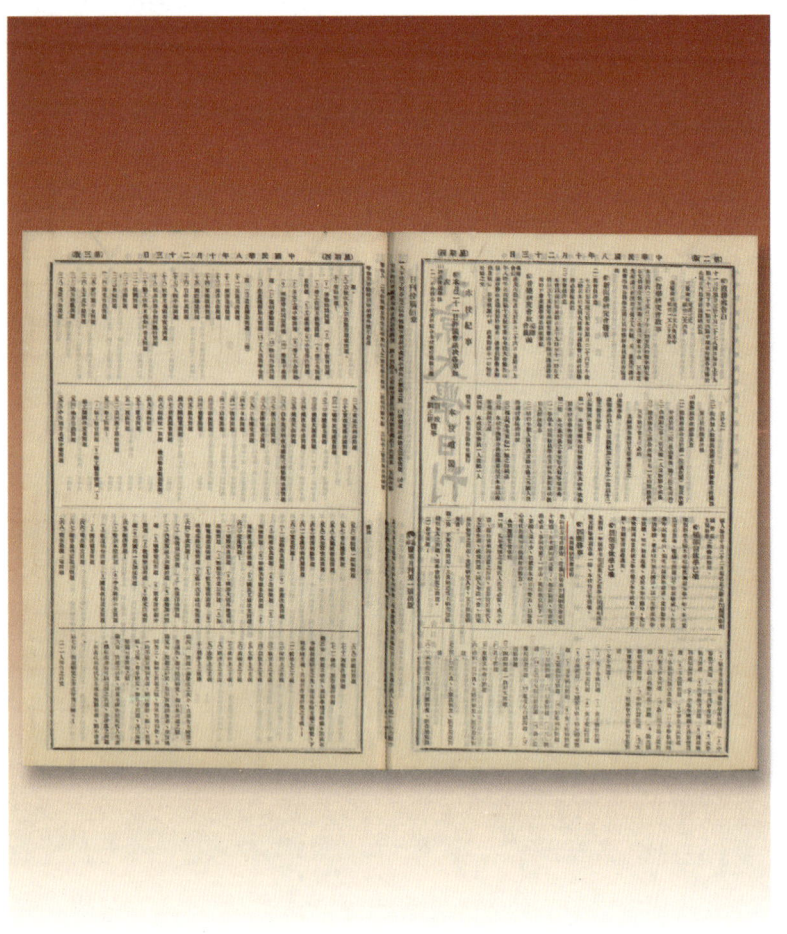

  1919年10月23日,邓中夏将毛泽东从长沙寄来的《问题研究会章程》全文发表在《北京大学日刊》上。《问题研究会章程》提出:"凡事或理之为现代人生所必需,或不必需,而均尚未得适当之解决,致影响于现代人生之进步者,成为问题",解决这些问题,应"先从研究入手"。

  图为《北京大学日刊》上刊登的《问题研究会章程》。

北大红楼日志

感悟

十月·廿三日

扫码听书

1919年10月，北京高等师范学校的教职员和学生联合组织平民教育社，旨在通过提倡普及教育来改造社会和救国图强。图为平民教育社社刊——《平民教育》。

北大红楼日志

感悟

十月·廿四日

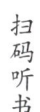

扫码听书

1924年10月25日,中共旅莫支部召开会议,决定成立五人审查委员会,正在莫斯科出席共产国际第五次代表大会的李大钊被选为审查委员会委员。

图为李大钊(前排右1)等出席共产国际第五次代表大会的中国代表与中共旅莫支部成员合影。

北大红楼日志

感悟

十月·廿五日

扫码听书

1919年10月26日,北京大学学生会评议部在北京大学法科礼堂召开成立大会。哲学系学生康白情等在会上发表演说,号召发扬五四精神,救国救民。

图为《北京大学日刊》上刊载的北京大学学生会评议部成立的消息。

北大红楼日志

感悟

十月·廿六日

扫码听书

　　1921年10月,北京大学哲学系主任陶履恭发布规定,上学年二年级学生及转入哲学系的学生,经考试合格方得升级,考试标准为能读关于哲学的外文书籍(英文、法文或德文)。

　　图为陶履恭。

北大红楼日志

感悟

十月·廿七日

扫码听书

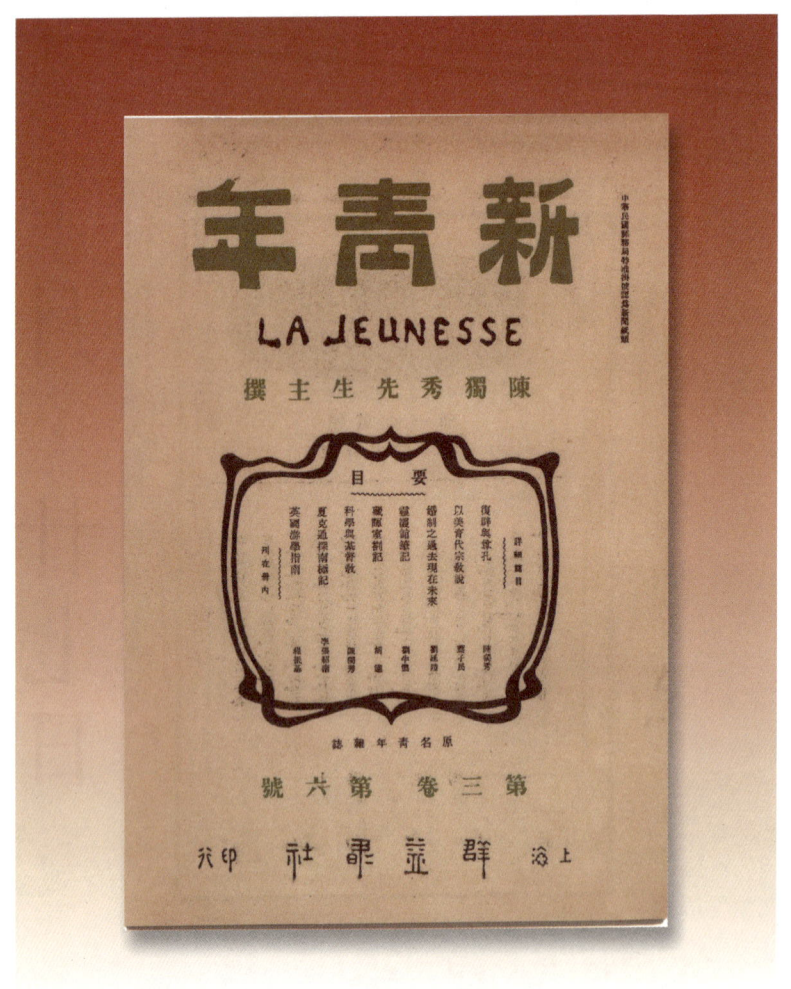

　　1921年10月，在蔡元培的倡议下，依照其"以美育代宗教"的主张，北京大学哲学系开设了"美学""美学名著研究""西方美术史"课程。因暂未聘到合适人选，蔡元培亲自讲授"美学"课，同时开始编著《美学通论》一书。

　　图为列有《以美育代宗教说》标题的《新青年》第3卷第6号目录。

北大红楼日志

感悟

十月·廿八日

扫码听书

1920年10月,北京的共产党早期组织在北京大学图书馆李大钊办公室正式成立,取名"共产党小组",李大钊为小组负责人。

图为旧址复原:李大钊图书馆主任室。

北大红楼日志

感悟

十月·廿九日

扫码听书

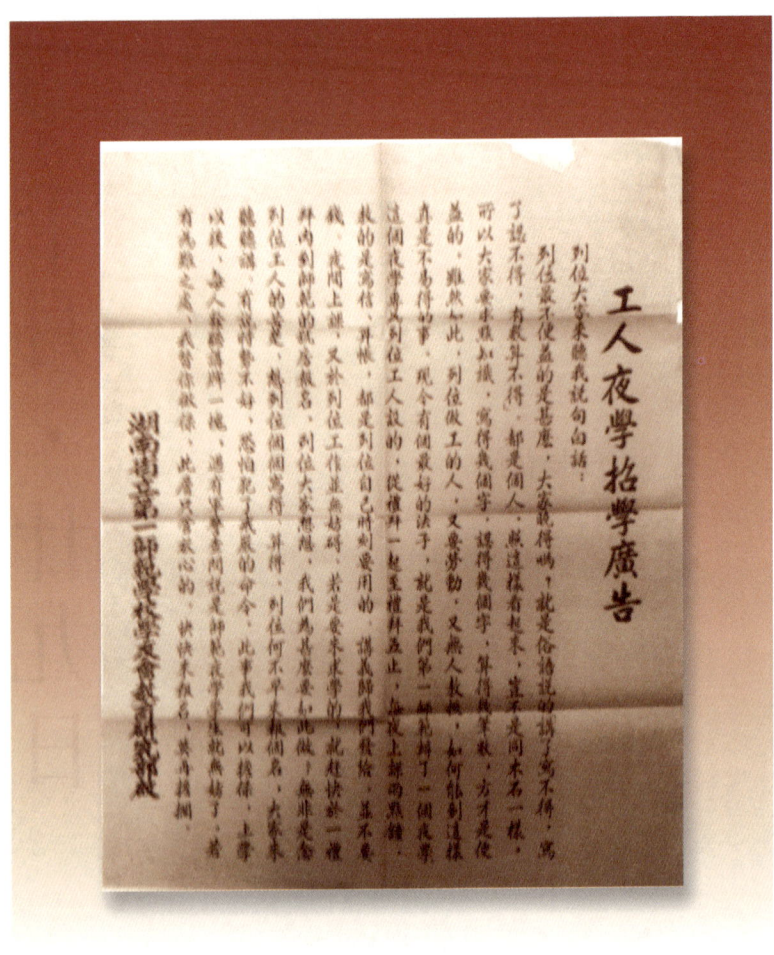

1917年10月30日,湖南省立第一师范学校学友会教育研究部印发由毛泽东用白话文起草的《工人夜学招学广告》。

图为《工人夜学招学广告》。

北大红楼日志

感悟

十月・三十日

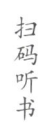
扫码听书

1922年10月31日,《晨报》刊出北京大学马克思学说研究会募捐启事,号召国人为开滦煤矿罢工工人开展募捐援助。此前,在中共北京区委领导下,开滦五矿(唐山、赵各庄、林西、马家沟、唐家庄)3万多名工人联合罢工,要求增加工资、改善待遇。

图为开滦五矿罢工领导人合影(2排左4为中共唐山地委书记邓培)。

北大红楼日志

感悟

十月·卅一日

扫码听书

十二月

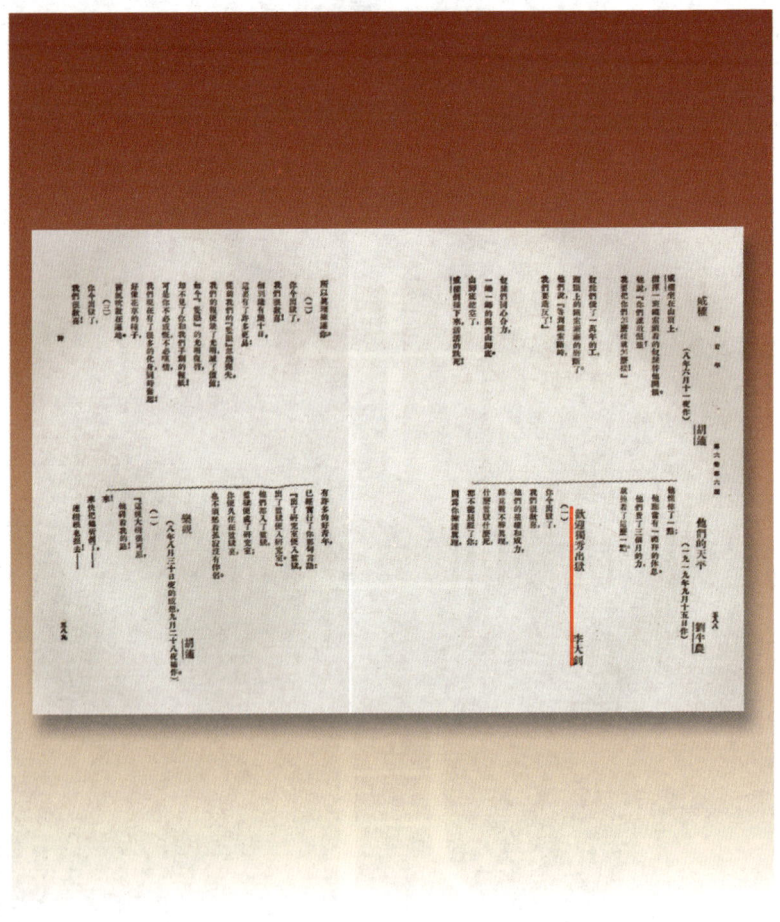

1919年11月1日,李大钊在《新青年》第6卷第6号上发表《欢迎独秀出狱》,赞扬陈独秀"什么监狱什么死,都不能屈服了你","我们现在有了很多的化身,同时奋起:好像花草的种子,被风吹散在遍地"。同日,《国民》第2卷第1号刊载了《共产党宣言》第一章的全部译文。

图为《新青年》第6卷第6号上刊登的《欢迎独秀出狱》一文。

感悟

十一月 · 一日

扫码听书

1920年11月,北京共产党小组召开会议,决定成立共产党北京支部。李大钊被推选为书记,张国焘负责组织工作,罗章龙负责宣传工作。

图为位于北京文华胡同的李大钊故居。

北大红楼日志

感悟

十一月·二日

扫码听书

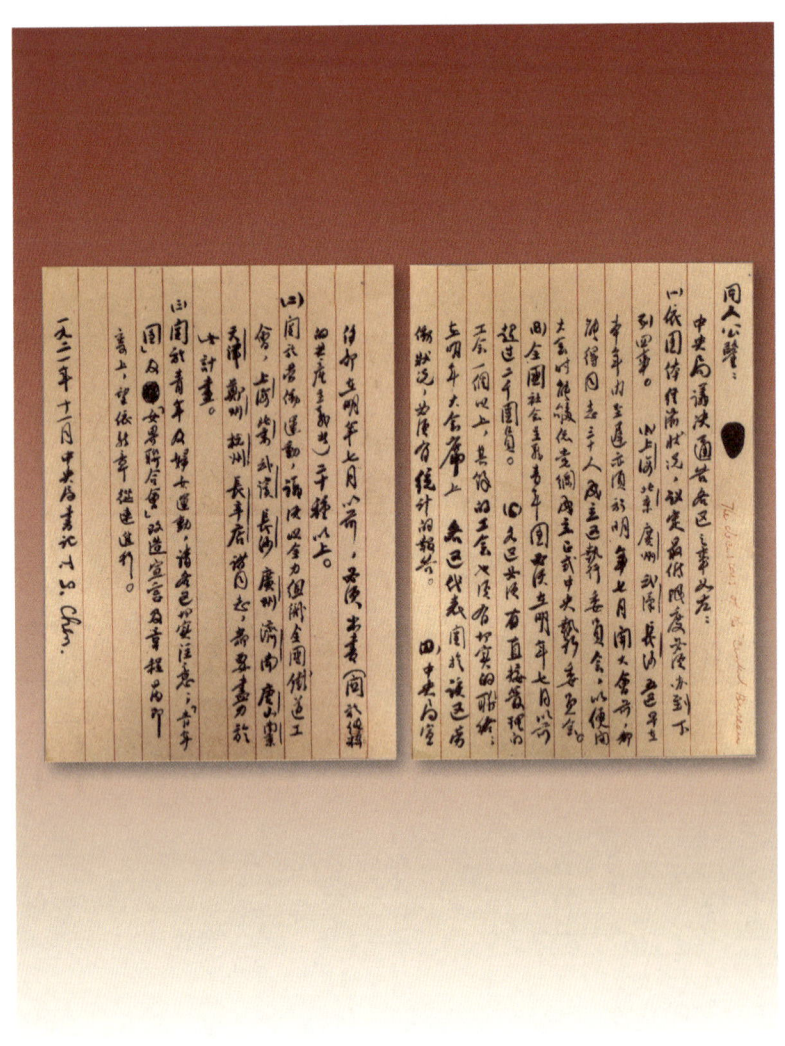

1921年11月,陈独秀签发了《中国共产党中央局通告》。这是以中共中央名义发布的第一个文件,对短期内党、团组织的发展以及工人运动、宣传出版工作等,提出了具体规划和要求。

图为《中国共产党中央局通告》。

感悟

十一月·三日

扫码听书

1918年11月,毛泽东到长辛店开展社会调查。蔡元培、李石曾在此开办半工半读的留法预备班,该预备班分设铸造、机械和钳工三个班。学生一边学习法文,一边学习生产技能,为赴法勤工俭学做准备。

图为长辛店机厂旧址。

北大红楼日志

感悟

十一月·四日

扫码听书

1922年11月5日，共产国际第四次代表大会在彼得格勒召开，陈独秀、刘仁静等代表中国共产党参加大会，瞿秋白作为陈独秀的翻译也出席了此次大会。

图为瞿秋白。

北大红楼日志

感悟

十一月·五日

扫码听书

　　1924年11月,李大钊派共产党员张兆丰(时任冯玉祥国民军旅参谋长)随旅部到正定。同年12月下旬,张兆丰介绍正定直隶省立第七中学学生杨天然等入党,建立正定第一个中共党支部,随后又介绍邢克让等入团,建立中国社会主义青年团直隶省立七中支部。

　　图为张兆丰。

北大红楼日志

感悟

十一月·六日

扫码听书

1917年11月7日,在以列宁为代表的布尔什维克党的领导下,俄国爆发十月革命,推翻了反动的资产阶级临时政府,建立苏维埃政权。"十月革命一声炮响,给我们送来了马克思列宁主义。"以李大钊为代表的先进知识分子开始研究并介绍俄国十月革命和马克思主义。

图为油画作品《列宁宣布苏维埃政权成立》(作者〔苏联〕弗·阿·谢罗夫)。

北大红楼日志

感悟

十一月·七日

扫码听书

1923年11月8日,范鸿劼撰写《俄罗斯革命之三领袖》一文,发表于《晨报》副刊。

图为《俄罗斯革命之三领袖》。

北大红楼日志

感悟

十一月·八日

扫码听书

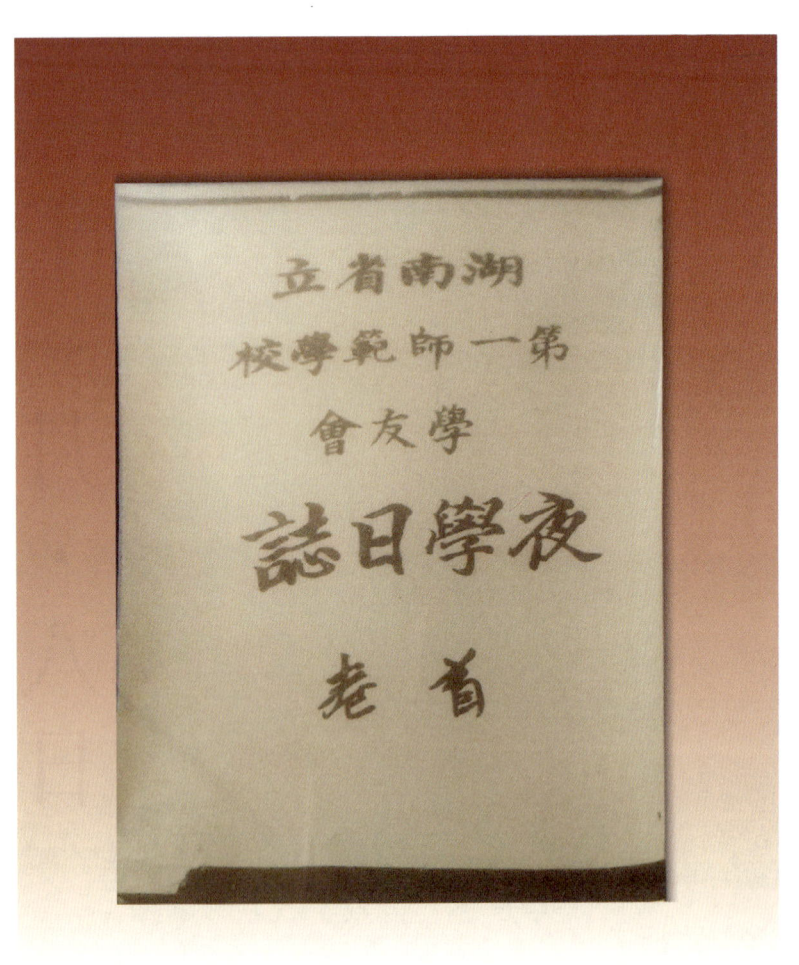

1917年11月9日，毛泽东创办的工人夜学正式开学。在担任湖南省立第一师范学校学友会总务兼教育研究部部长期间，毛泽东创办了工人夜学，在工人中传授文化知识。

图为毛泽东撰写的《夜学日志》。

北大红楼日志

感悟

十一月·九日

扫码听书

1914年11月10日，陈独秀在《甲寅》杂志第1卷第4期上第一次使用"独秀"笔名，发表《爱国心与自觉心》。李大钊评价此文：初"不以为然"，后又"悟其言之可味，而不禁以其自觉心自觉也"。章士钊也盛赞陈独秀是"汝南晨鸡先登坛唤"。

图为《爱国心与自觉心》。

北大红楼日志

感悟

十一月·十日

扫码听书

1917年11月11日，北京《晨钟报》对俄国十月革命进行了报道。俄国十月革命的胜利，极大地鼓舞了中国人民和中国的先进分子，对中国革命产生了巨大影响。

图为《晨钟报》的相关报道。

北大红楼日志

感悟

十一月·十一日

扫码听书

1920年11月,北京社会主义青年团在北京大学学生会办公室召开成立大会,高君宇被推举为书记。北京社会主义青年团成立之后,不仅在各学校青年学生中宣传革命思想,发展团的组织;而且深入各界群众,面向社会组织开展各种形式的斗争。

图为高君宇在北京大学学生会办公室留影。

北大红楼日志

感悟

十一月·十二日

扫码听书

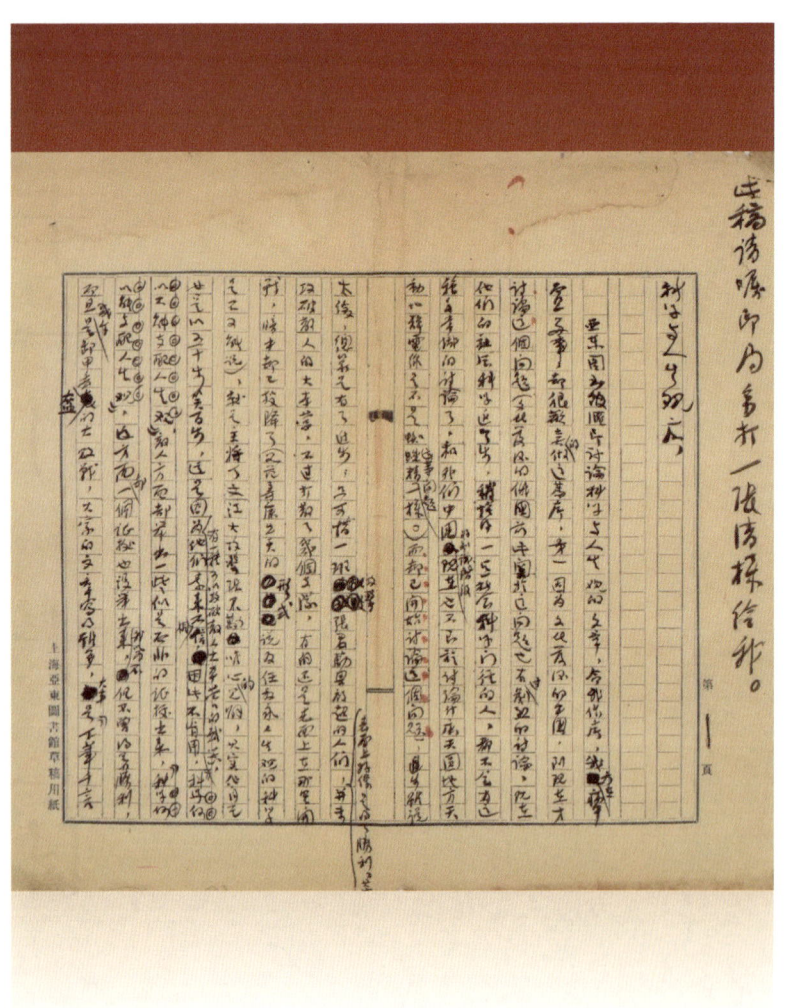

1923年11月13日，陈独秀为《科学与人生观》一书撰写了序言，旗帜鲜明地表明了马克思唯物主义哲学观点，宣言："我们相信只有客观的物质原因可以变动社会，可以解释历史，可以支配人生观，这便是'唯物的历史观'。"

图为陈独秀《〈科学与人生观〉序》手稿。

北大红楼日志

感悟

十一月·十三日

扫码听书

1918年11月14日，北洋政府宣布全国放假3天，庆祝第一次世界大战协约国胜利，中国成为战胜国。同月15、16日，北京大学在天安门举行讲演大会，校长蔡元培和胡适、陶孟和、马寅初、陈启修、丁文江等著名学者纷纷登台发表演说。

图为北京学生举行游行大会，庆祝中国成为战胜国。

北大红楼日志

感悟

十一月·十四日

扫码听书

1915年11月15日，北京大学教授刘叔雅（文典）在《青年杂志》第1卷第3号上发表了译自英国生物学家赫胥黎的《近世思想中之科学精神》，意在介绍自然科学新进展，着力传播近代科学思想。

图为《近世思想中之科学精神》。

感悟

十一月·十五日

扫码听书

1917年11月16日,《北京大学日刊》创刊。《北京大学日刊》设有"校长布告""各科通告""学长批示""公牍"等栏,及时刊行学校规章法令、交流全校教学情况、介绍各种新思想,是研究北京大学进步社团的重要资料。

图为《北京大学日刊》创刊号。

感悟

十一月·十六日

扫码听书

1921年11月17日,北京大学马克思学说研究会在《北京大学日刊》上发布启事,对外正式公开活动。北京大学马克思学说研究会是中国最早的比较系统地学习和研究马克思主义的团体。

图为《发起马克斯(思)学说研究会启事》。

北大红楼日志

感悟

十一月 · 十七日

扫码听书

1919年11月18日，毛泽东发表《赵女士的人格问题》一文，抨击封建包办婚姻。此前，长沙女子赵五贞为反抗父母的包办婚姻，在出嫁花轿上自杀，引起舆论轰动。毛泽东为此连续发表9篇文章，猛烈抨击封建婚姻制度，主张妇女解放。

图为《赵女士的人格问题》。

北大红楼日志

感悟

十一月·十八日

扫码听书

1918年11月19日，北京大学学生成立新潮社。新潮社"以介绍西洋近代思潮，批评中国现代学术上、社会上各问题为司职"。图为新潮社社员康白情、俞平伯的诗集。

北大红楼日志

感悟

十一月·十九日

扫码听书

1921年11月20日，陇海线铁路工人发动全线总罢工。中共北方区委、中国劳动组合书记部北方分部立刻派出罗章龙赶赴洛阳指导罢工运动。最终，陇海铁路局被迫答应了工人的复工条件，罢工取得了胜利。

图为《工人周刊》的相关报道。

感悟

十一月·二十日

扫码听书

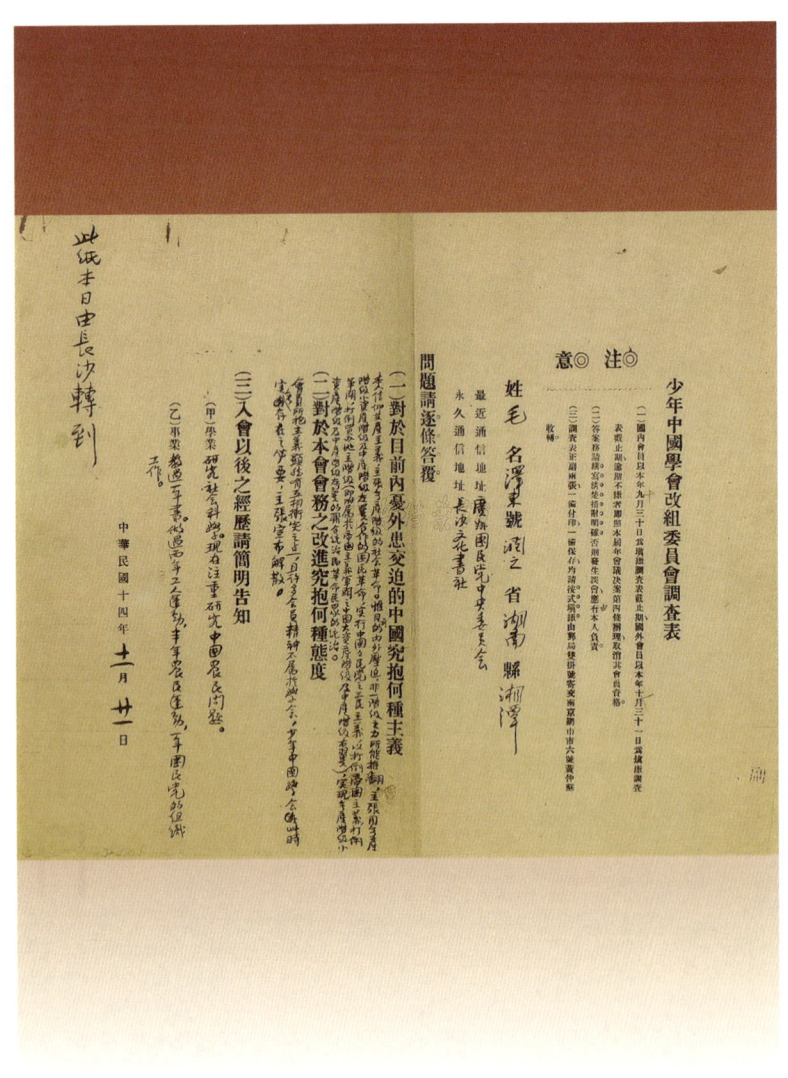

1925年11月21日,毛泽东在《少年中国学会改组委员会调查表》中填写"本人信仰共产主义,主张无产阶级的社会革命"。图为毛泽东填写的《少年中国学会改组委员会调查表》。

北大红楼日志

感悟

十一月·廿一日

扫码听书

1920年11月22日,张申府启程赴法国任教。当他途经上海时,陈独秀介绍他与在法国的赵世炎联系,并组织在中国赴法勤工俭学生中建党。次年上半年,旅欧共产主义小组成立。

图为旅欧共产主义小组部分成员。

北大红楼日志

感悟

十一月·廿二日

扫码听书

1919年11月23日,李大钊发表《归国的工人》一文,关注归国华工问题。

图为第一次世界大战期间中国劳工赴欧前受训。

北大红楼日志

感悟

十一月·廿三日

扫码听书

　　1918年11月24日，北洋政府新任大总统徐世昌发布《大总统令》，其中充斥"天地君亲师"一类的封建观念。对此，高一涵在《新青年》第5卷第6号上发表《非"君师主义"》，抨击封建统治者利用孔子"垄断天下之思想"，揭露丑陋的君主专制统治。

　　图为《新青年》上刊登的抨击封建统治的部分文章。

北大红楼日志

感悟

十一月·廿四日

扫码听书

1920年11月25日,毛泽东在给罗章龙的回信中写道:新民学会"要变为主义的结合才好。主义譬如一面旗子,旗子立起了,大家才有所指望,才知所趋赴"。

图为《新民学会会员通信集》。

北大红楼日志

感悟

十一月·廿五日

扫码听书

1916年11月26日,陈独秀与亚东图书馆的汪孟邹、群益书社的负责人一起,为了《新青年》出版事宜前往北京。此后,受蔡元培邀请,陈独秀出任北大文科学长,《新青年》编辑部从上海迁往北京。

图为《新青年》北京编辑部旧址(陈独秀故居)——北池子箭杆胡同9号(今20号)。

北大红楼日志

感悟

十一月·廿六日

扫码听书

　　1921年11月,长辛店劳动补习学校日班学生人数已经达到53人,夜班学生达到55人。据《中国劳动组合书记部北方分部报告:中国北部劳动运动概况》记载,至1921年11月,长辛店劳动补习学校"学生加多,添置书籍甚多",且在日班加入历史、地理科目,夜班加入谈话科目。

　　图为长辛店劳动补习学校旧址。

感悟

十一月·廿七日

扫码听书

　　1918年11月28日,第一次世界大战结束后,北洋政府在故宫太和殿前举行胜利阅兵仪式。次年,中国作为战胜国参加巴黎和会,提出取消1915年中日协约、废除外国在华势力范围、撤退外国在华驻军等正义要求,均遭拒绝。

　　图为阅兵仪式现场。

北大红楼日志

感悟

十一月·廿八日

扫码听书

1918年11月29日,北京大学在北京中央公园举办庆祝第一次世界大战协约国胜利大会,李大钊作了题为《庶民的胜利》的演讲。

图为李大钊(左2)与友人在中央公园合影。

感悟

十一月·廿九日

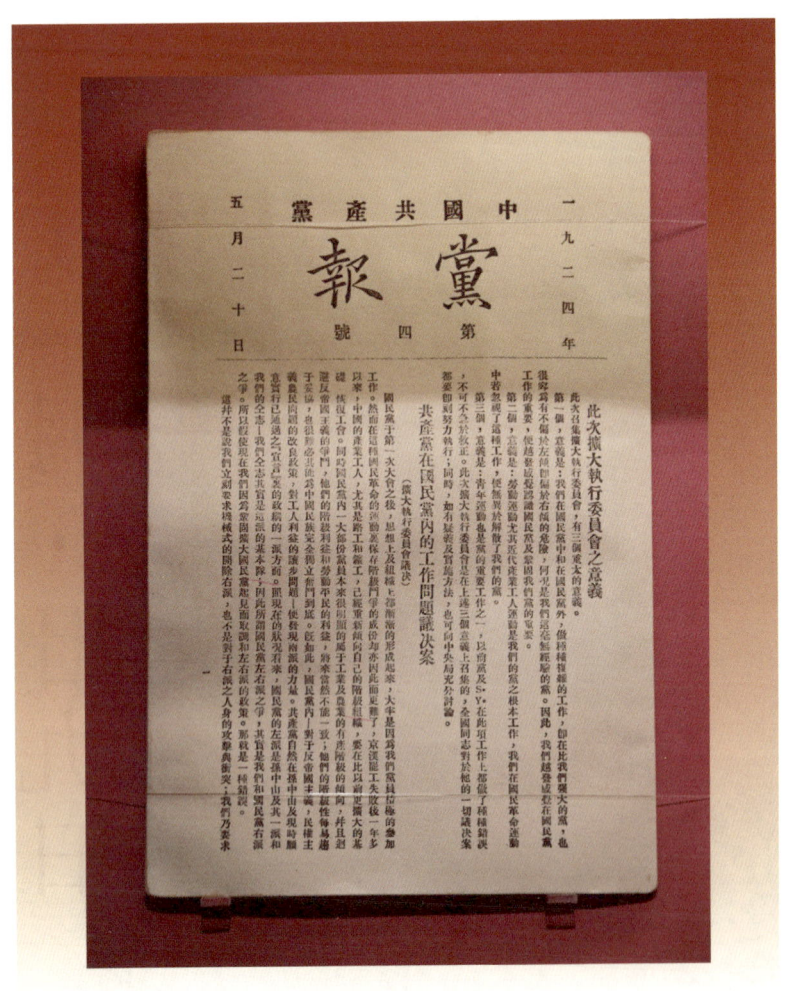

1923年11月30日,党内最早的秘密刊物《中国共产党党报》创刊。1923—1924年出版了4号,第4号刊登了反映中共北京区委工作情况的《京区报告》,其中提到:"北京现有党员三十二人,新加入候补十四人"。

图为《中国共产党党报》。

北大红楼日志

感悟

十一月·三十日

扫码听书

十二月

物質變動與道德變動

（一）

近幾年來常常聽聞心世道人心的人，說到道德問題。有的人說現在舊道德已經破滅，新道德尚未產生，這個青黃不接人心荒亂的時候眞正奇愛。有的人說，大戰以後歐洲之所應爲一面開新，一面必當復舊。有的人說，物質上開新之局或急於復舊，道德尚沒有新舊。又有人說必甚於開新。這些話都很可以啓發我的研究興味；我於是想用一番縝密的思索，去研究過道德問題。

我嘗研究道德問題的時候，發了幾個疑問：第一問道德是甚麼東西？第二問道德的內容是永久不變的，還是常常變化的？第三問道德有沒有新舊？第四問道德與道德是怎樣的關係？

以上諸問，都是從希臘哲學以來沒有解決的問題。因爲解決這個問題是一件很不容易的事情。但是道德心的存在卻是梅明瞭的事實，不能不承認。我們遇見樸摯事體在我們心中自然而然發出一種有權威的聲音，說這是善或是惡。我們只有從着這種聲音的命令往蓉着過一面走，一面往光明一方面走，自然作出「愛他」「犧牲」等等的行爲。在這有權威的聲音指揮之下：「忠信」「正直」「公平」諸種德性都能表現於我們身上。我們若是不聽從他，我們受自己良心的苛斥：我們自己若作了惡，就是他人不知道，我們也自覺悔恨。自取羞恥：全因爲我們心中有道德心的要求，義務的要求。這自然發現、自有權威的

北大红楼日志

感悟

十二月 · 一日

扫码听书

1920年12月2日，李大钊在北京大学发起成立社会主义研究会。该研究会以"集合信仰和有能力研究社会主义的同志，互助的来研究并传播社会主义思想"为宗旨，编译出版"社会主义丛书"，发表"社会主义论文"，开展演讲活动。

图为《北京大学日刊》上刊登的《北京大学社会主义研究会通告》。

北大红楼日志

感悟

十二月·二日

扫码听书

  1918年12月3日,李大钊担任北京大学新潮社顾问,并指导筹办《新潮》杂志。顾颉刚后来回忆:"李大钊同志曾给过《新潮》很多的帮助和指导。他虽不公开出面,但经常和社员们联系,并为《新潮》写稿。"
  图为《新潮》杂志。

感悟

十二月·三日

扫码听书

  1919年11月11日—12月4日，留日学生杨匏安连续发表《马克思主义（Marxism）（一称科学的社会主义）》一文，较为系统地介绍了马克思主义的唯物史观、经济学说和科学社会主义。
  图为杨匏安。

北大红楼日志

感悟

十二月·四日

扫码听书

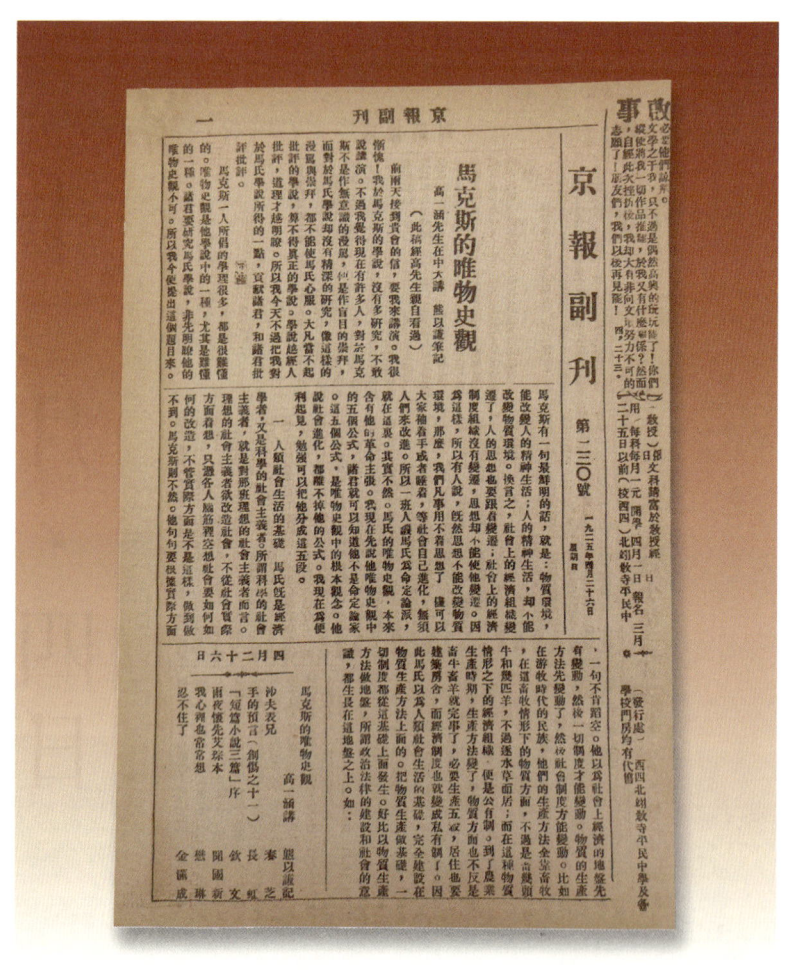

1924年12月5日,邵飘萍主办的《京报》创办《京报副刊》,后者在北京地区传播马克思主义,由原《晨报副镌》主编孙伏园担任主编。孙伏园后来回忆说:"鲁迅先生竭力主张我去京报,他说,一定要出这口气,非把京报副刊办好不可。""……鲁迅先生……像支持晨报附刊(副镌)一样地支持京报副刊"。

图为《京报副刊》。

感悟

十二月·五日

扫码听书

1917年12月,北京大学学生发起成立体育会,开始了北京大学较有系统的球类和田径训练。蔡元培邀请马寅初、陈启修等加入体育会,拨给经费,扩充体育设备,还购置了5匹马供学生训练。

图为北京大学学生进行体育锻炼。

北大红楼日志

感悟

十二月·六日

扫码听书

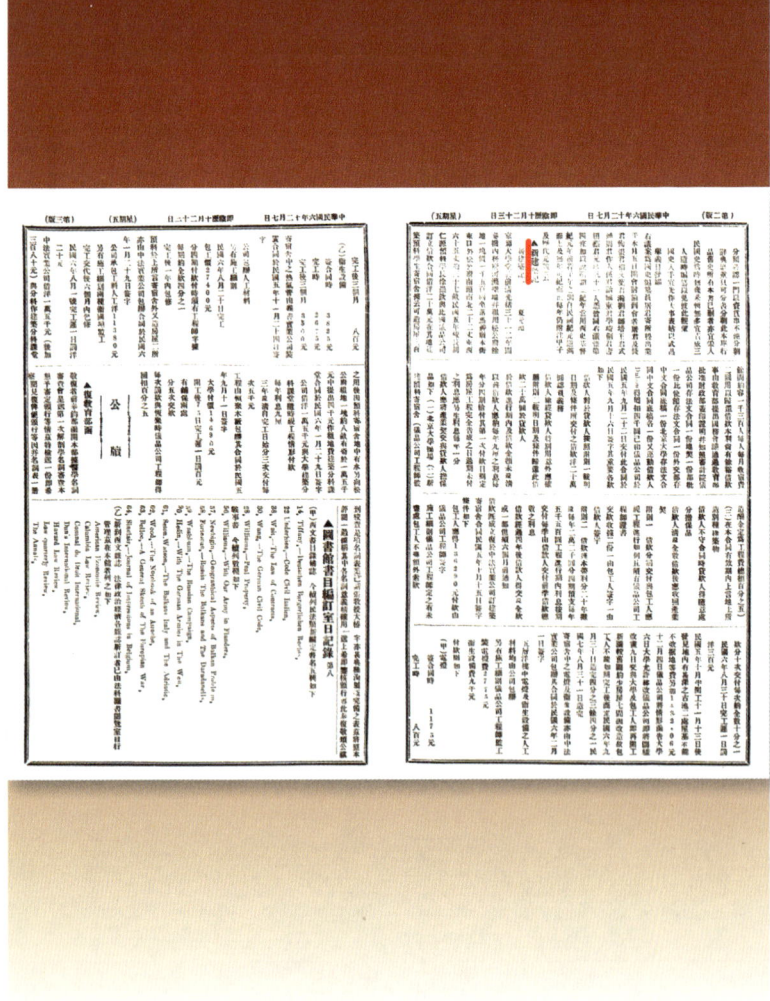

1917年12月7日,夏元瑮在《北京大学日刊》上发表《新建筑记》,记录了红楼的建筑过程和费用情况。

图为《新建筑记》。

北大红楼日志

感悟

十二月·七日

扫码听书

中華教育改進社

名譽董事
李煜瀛　杜威　孟祿　梁啟超　張謇　張一麐　嚴修

董事
交際　部長　司庫
郭秉文　熊希齡　張伯苓
汪兆銘　范源廉　袁希濤　陳寶泉　黃炎培　蔡元培

職員
主任幹事
陶知行

尹彤墀　統計員
李滌溪　中文書記員
汪蔭寶　中文書記員兼交際員
范鏸秀　中文文牘員
陳容　事務部主任
陳裕光　科學教育研究主任
高仁山　統計助理員
馬庚庚　圖書管理員兼通信員
章洪熙　統計助理員
張彭春　文牘科主任
張景范　中學教育研究主任
楊可大　統計員
楊述孝　統計助理員
葉兆林　會計員
齊哲君　庶務員
蕭偉一　中文兼英文書記員
薛鴻志　統計主任
關士中　中文書記員

1921年12月，中华教育改进社成立，陶行知任主任干事。该组织对当时中国教育改革产生了重要影响。

图为中华教育改进社社员名单。

北大红楼日志

感悟

十二月·八日

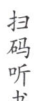

扫码听书

1918年12月，李大钊创作《Bolshevism的胜利》，热烈赞扬十月革命，指出无产阶级的社会主义革命是世界历史的潮流。他指出："由今以后，到处所见的，都是Bolshevism战胜的旗。到处所闻的，都是Bolshevism的凯歌的声。人道的警钟响了！自由的曙光现了！试看将来的环球，必是赤旗的世界！"

图为《Bolshevism的胜利》。

北大红楼日志

感悟

十二月·九日

扫码听书

1922年12月10日,中日双方举行交接仪式,中国正式收回青岛。这标志着五四爱国运动取得了历史性的胜利。在该年初的华盛顿会议上,中日双方签署了《解决山东悬案条约》,日本同意将所有原来德国在山东的权益交还给中国。

图为交接仪式现场。

北大红楼日志

感悟

十二月·十日

扫码听书

1920年12月11日,《北京大学日刊》刊登《图书部典书课通告》,列出北京大学图书馆馆藏介绍俄国十月革命的书籍共23种,"以备同学诸君批阅"。

图为《北京大学日刊》上刊登的相关通告。

北大红楼日志

感悟

十二月·十一日

扫码听书

1918年12月,蔡元培与北京大学文科哲学门学生组织送别会,送别赴法安排学习、做工事宜的讲师李石曾。蔡元培在会上发表了演说。此前,华工教育取得的实绩推动了国内青年赴法勤工俭学。

图为送别会上的合影。

北大红楼日志

感悟

十二月·十二日

扫码听书

1920年12月13日,周恩来抵达法国马赛,第二天抵达巴黎,次年1月抵达英国伦敦。此前,周恩来为进一步探求救国真理,决定前往英国留学考察,并作为天津《益世报》的驻欧记者撰写旅欧通讯。

图为周恩来(后排右3)与部分勤工俭学生在巴黎合影。

北大红楼日志

感悟

十二月·十三日

扫码听书

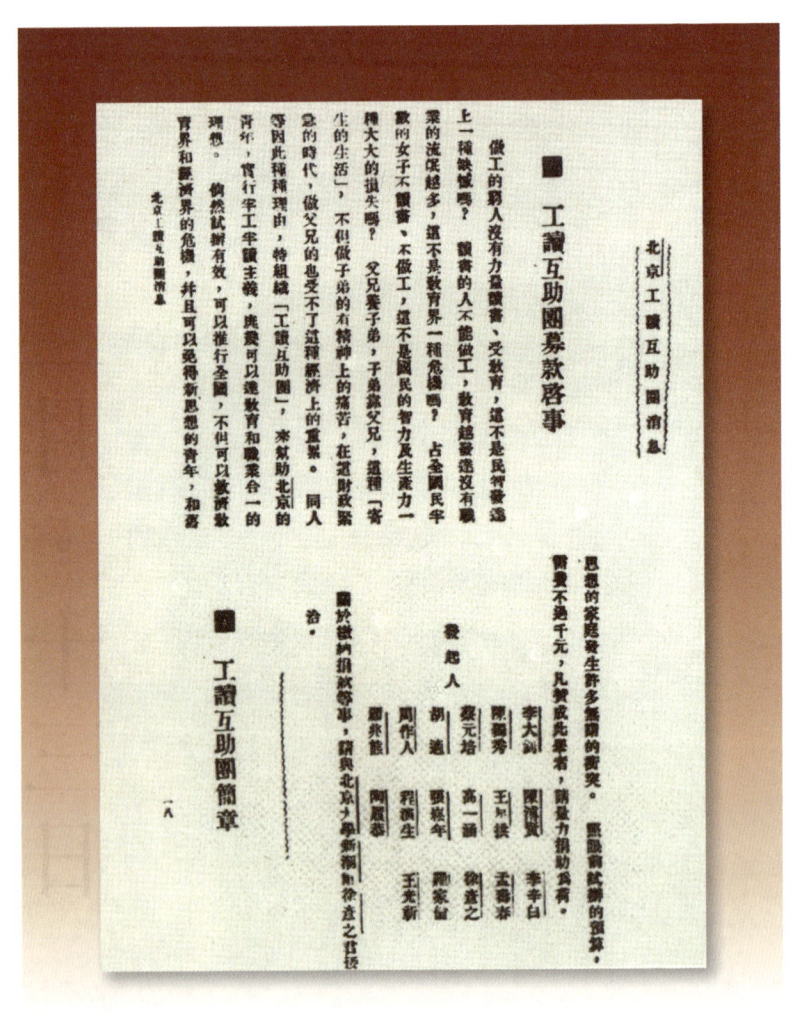

1919年12月14日,王光祈邀集包括陈独秀、李大钊在内的思想教育界人士联名发表《工读互助团募款启事》。此前,王光祈等人在北京发起成立工读互助团,目的是帮助青年实行半工半读以达到教育和职业合一的理想。

图为《工读互助团募款启事》。

北大红楼日志

感悟

十二月 · 十四日

扫码听书

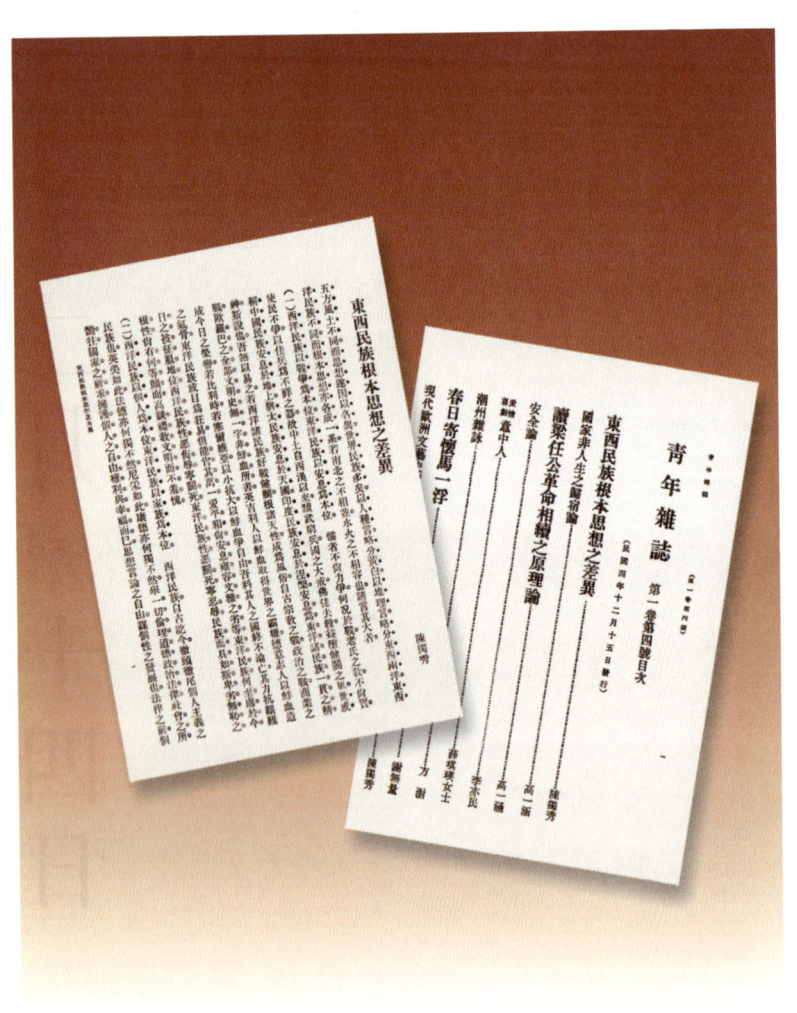

　　1915年12月15日，陈独秀在《青年杂志》第1卷第4号上发表《东西民族根本思想之差异》一文，提出"东洋民族"要改变落后状况，就要以"个人本位主义"代替"家族本位主义"。

　　图为《青年杂志》第1卷第4号上刊登的《东西民族根本思想之差异》。

北大红楼日志

感悟

十二月·十五日

扫码听书

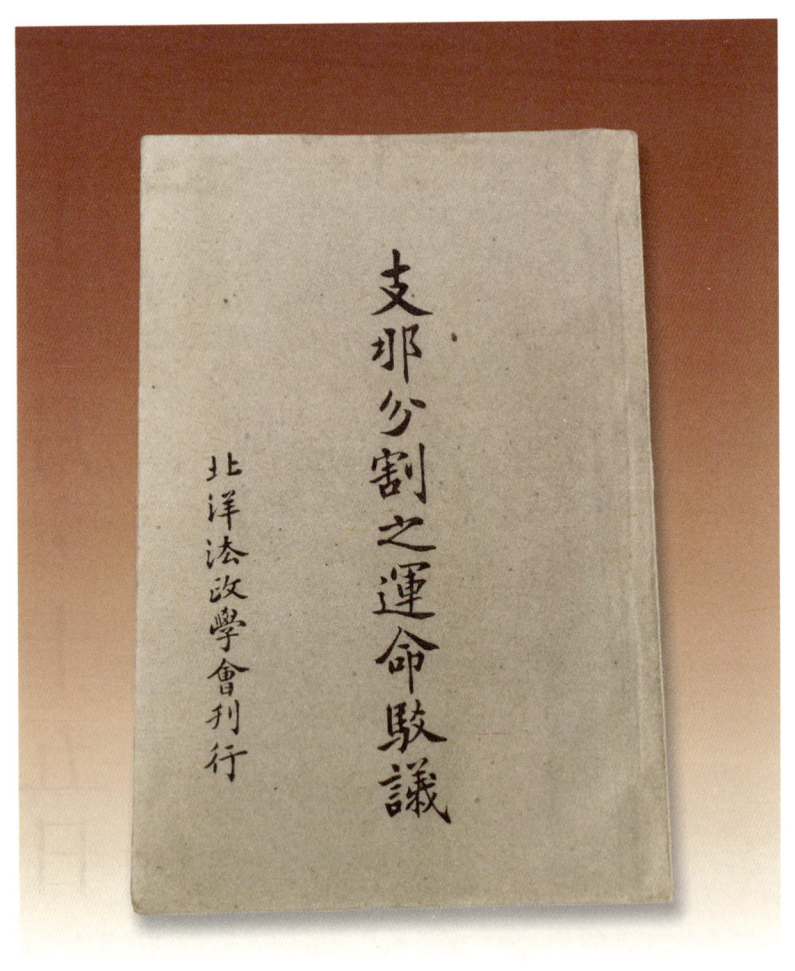

　　1912年12月，北洋法政学会成立后，李大钊等翻译了同年10月出版的《支那分割之运命》一书，并加驳议数万言，题为《支那分割之运命驳议》。该书次年再版时的宣传广告称："瓜分中国之说……爰取译之，并加驳议……以为国人当头之棒，警梦之钟，知耻知惧，竞奋图存"。

　　图为《支那分割之运命驳议》。

感悟

十二月·十六日

扫码听书

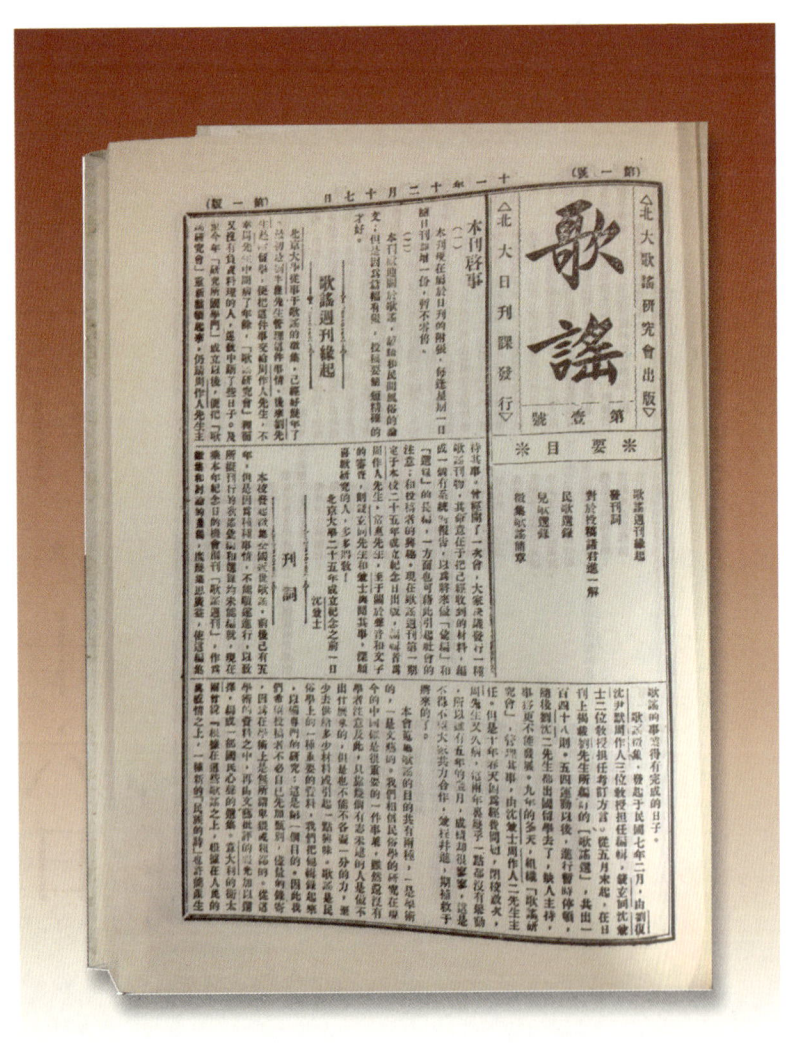

1922年12月17日,北京大学歌谣研究会创办《歌谣》周刊。北京大学歌谣研究会是中国现代第一个民间文学研究团体。

图为《歌谣》周刊。

北大红楼日志

感悟

十二月·十七日

扫码听书

1919年12月18日,毛泽东作为驱张运动主要领导人,率团赴京请愿。此次是他第二次来到北京,借住在北长街99号(今北长街20号)的福佑寺。

图为福佑寺。

北大红楼日志

感悟

十二月·十八日

扫码听书

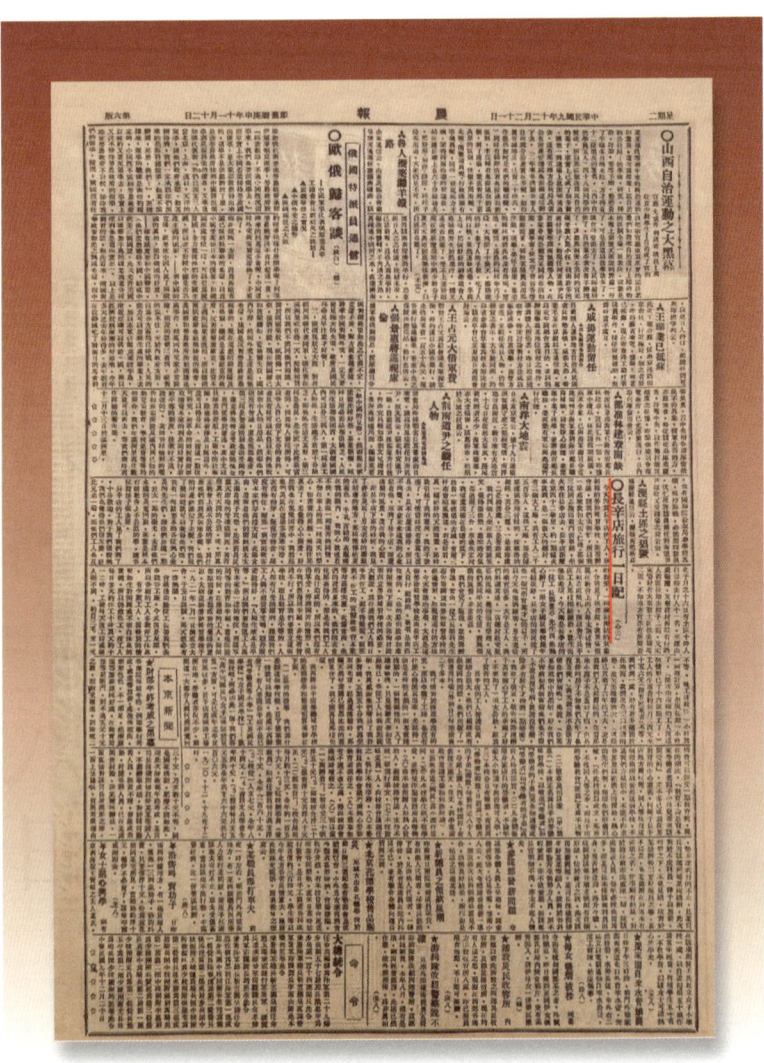

1920年12月19日,邓中夏、张太雷等受党组织委派赴长辛店,与工人史文彬等召开长辛店劳动补习学校筹备会议,通过《劳动补习学校简章》。当晚,邓中夏撰写了《长辛店旅行一日记》。

图为北京《晨报》上刊登的邓中夏撰写的《长辛店旅行一日记》。

北大红楼日志

感悟

十二月·十九日

扫码听书

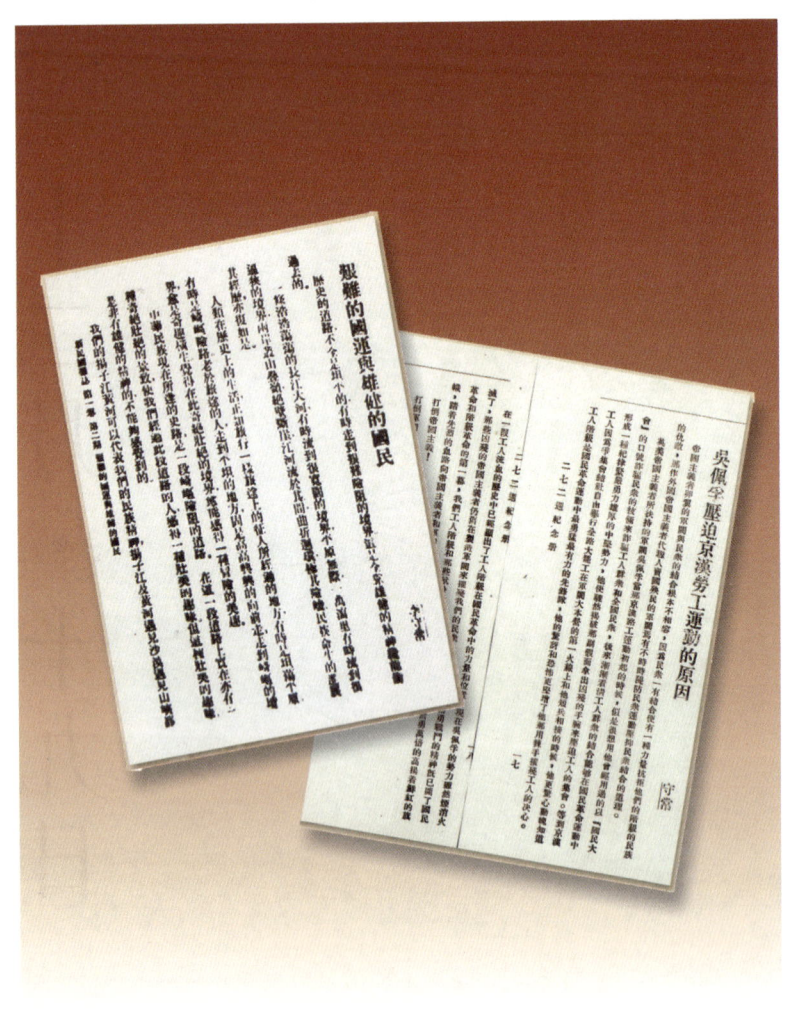

1923年12月20日,李大钊《艰难的国运与雄健的国民》一文发表于《新民国》第1卷第2期。二七惨案发生后,李大钊为揭露帝国主义和反动军阀的血腥镇压,总结工人运动,激励工人继续战斗,曾撰写过不少文章。

图为《艰难的国运与雄健的国民》。

北大红楼日志

感悟

十二月·二十日

扫码听书

　　1917年12月21日，北京大学书法研究社正式成立，马衡、沈尹默等担任导师。该研究社在传承书画艺术、普及美育及增进艺术交流等方面发挥了重要作用，同时开了我国现代大学书法教育及研究的先河，推动了书法艺术教育在我国高校的快速发展。

　　图为沈尹默。

北大红楼日志

感悟

十二月·廿一日

扫码听书

  1918年12月22日，陈独秀召集李大钊等在北京大学红楼创办了一份"更迅速、刊期短、与现实更直接"的周刊——《每周评论》。它坚持反对军阀和日本帝国主义的政治立场，宣传反封建的文化思想，初步介绍了社会主义思想。

  图为《每周评论》创刊号，发刊词明确提出了"主张公理、反对强权"的宗旨。

北大红楼日志

感悟

十二月·廿二日

扫码听书

1925年12月，按照中共北方区委的指示，邢台党组织成立了中共顺德特别支部，这是邢台第一个起地委作用的地方党组织。此前，受中共北京区委派遣，共产党员于方舟、张仲毅到邢台发展党组织。

图为邢台早期党组织活动场所——邢台县教育局旧址。

北大红楼日志

感悟

十二月·廿三日

扫码听书

1921年12月，中共洛阳组在郑州铁路局洛阳机务段成立，这是河南第一个党组织，游天洋任组长。同年11月，游天洋经李大钊、罗章龙介绍加入中国共产党，成为河南第一位共产党员。

图为游天洋。

北大红楼日志

感悟

十二月・廿四日

扫码听书

1923年12月，李大钊、邓中夏等深入蒙藏学校，向多松年、乌兰夫等蒙古族青年"介绍国内外形势，宣传中国共产党的政治主张"。邓中夏还在西单铁狮子胡同的一座古庙里，辅导乌兰夫等学习《共产党宣言》等。在他们的影响下，乌兰夫等人先后加入了中国共产党。

图为蒙藏学校。

北大红楼日志

感悟

十二月·廿五日

扫码听书

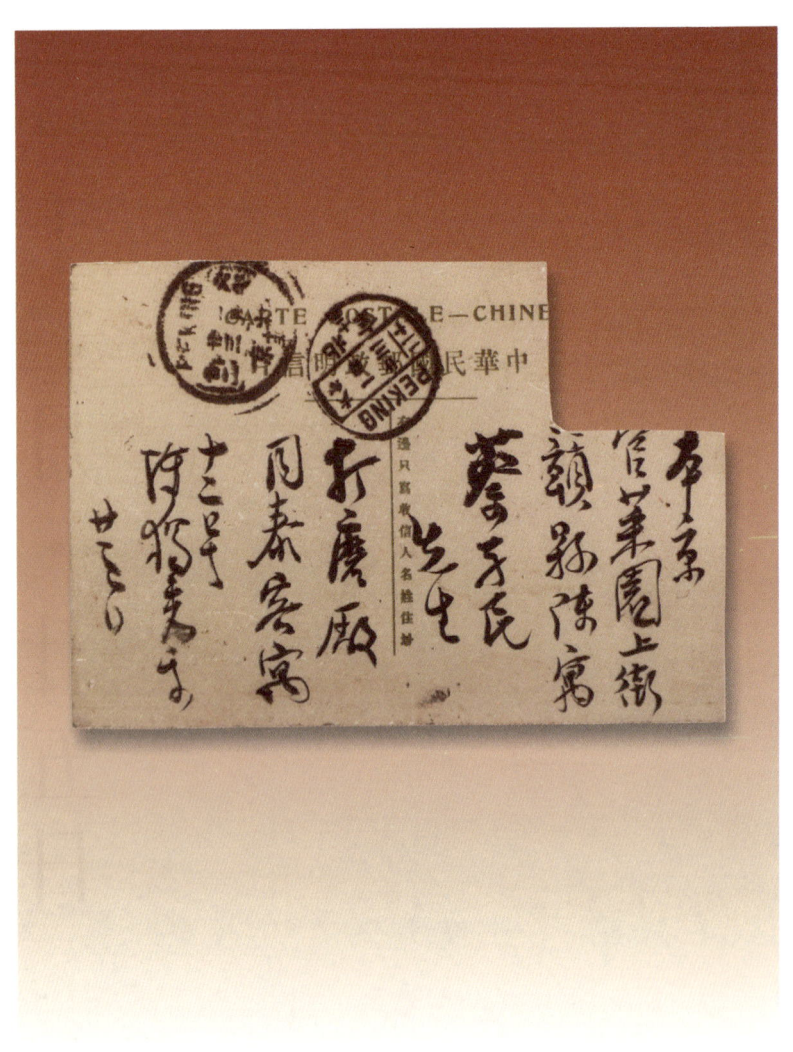

1916年12月26日,蔡元培拜访陈独秀,邀请他出任北京大学文科学长。蔡元培后来回忆:"我对陈君本有一种不忘的印象","现听汤君(汤尔和)话,又翻阅了《新青年》,决议聘他"。图为陈独秀写给蔡元培的明信片。

北大红楼日志

感悟

十二月·廿六日

扫码听书

1918年12月27日，正在组织湖南青年赴法勤工俭学准备工作的毛泽东前往长辛店了解留法学员情况。第一次来京期间，毛泽东到长辛店组织湖南青年赴法勤工俭学准备工作，并为给他们筹措路费而四处奔走。

图为毛泽东同留法学员合影（后排中为毛泽东）。

北大红楼日志

感悟

十二月·廿七日

扫码听书

　　1921年12月,何孟雄以驻京绥铁路特派员的身份,到张家口开展工作。在他的指导下,张家口第一个党组织——京绥铁路工人共产党小组于1922年5、6月成立,隶属于中共北京地委。
　　图为何孟雄。

北大红楼日志

感悟

十二月·廿八日

扫码听书

1928年12月29日,陈独秀发表《欧战后东洋民族之觉悟及要求》一文,提出反帝反封建的两个基本要求。《每周评论》与《新青年》互为补充,《新青年》同人的陆续加入,标志着新文化运动与现实政治斗争的密切结合。

图为《每周评论》第2号上刊载的《欧战后东洋民族之觉悟及要求》。

北大红楼日志

感悟

十二月·廿九日

扫码听书

1923年12月30日,李大钊在直隶法政专门学校18周年校庆会上作了《十八年来之回顾》的演讲,回顾了自1907年进入北洋法政学堂以来无数革命志士的革命斗争。

图为北洋法政专门学校旧址。

北大红楼日志

感悟

十二月・三十日

扫码听书

1923年12月,北京大学校方进行了一次民意测验,其中问:"现在中国流行关于政治方面的各种主义,你相信哪一种?"结果是,"相信社会主义"得票最多,高达291票。

图为北京大学红楼。

北大红楼日志

感悟

十二月·卅一日

扫码听书

后　记

　　为认真贯彻落实习近平总书记在北大红楼参观时的重要指示精神和在中央政治局第三十一次集体学习时的重要讲话精神，按照中央政治局委员、北京市委书记蔡奇同志关于"以北大红楼与中国共产党早期北京革命活动旧址等红色资源为生动教材，扎实开展党史学习教育，从党的百年伟大奋斗历程中汲取前进的智慧和力量，更加奋发有为地推动首都新发展"的要求，在国家文物局和北京市委宣传部的指导下，中国共产党早期北京革命活动纪念馆联合中共中央党校出版社、光大文化投资有限公司策划出版了《北大红楼日志》。

　　本书以"光辉伟业　红色序章——北大红楼与中国共产党早期北京革命活动主题展"为基础，依据《毛泽东年谱》《李大钊年谱》《陈独秀年谱》《北京大学日刊》《北京大学史料》《新文化运动史料丛编》《五四运动史料汇编》《中国共产党史料》等文献，以"日历"这一人民群众喜闻乐见的形式，表现北大红楼有关的人物、历史事件。本书精选365组图片，"以北大红楼历史上的今天"的形式，全面反映北大红楼在新文化运动、五四运动、马克思主义在中国早期传播和中国共产党的孕育过程中的重要地位，突出李大钊、陈独秀、毛泽东等中国共产党的创始人的革命活动，讲好中国故事、中国共产党的故事。

　　本书坚持政治性、思想性、艺术性相统一，用史实说话，增强表现力、传播力、影响力，生动传播红色文化。采用融合出版方式，以"上图下文、植入二维码"的形式，将图片、文字、音频结合起来，用丰富多彩的手段挖掘北大红楼的历史内涵和时代价值，构建一本普及性北大红楼史料集、一座典藏版纸上博物馆，让北大红楼的历史记忆活起来，让马克思主义的思想焕发出青春的光芒。

本书得到中国李大钊研究会、北京市委党史研究室、北京市委党校（北京行政学院）、清华大学马克思主义学院、北京大学马克思主义学院、北京大学校史馆、中国人民抗日战争纪念馆、北京鲁迅博物馆（北京新文化运动纪念馆）等专家学者们的指导把关。在此对给予本书指导的专家学者们表示衷心的感谢！

出于时间紧、任务重等原因，本书还有较大的提升空间，这恰恰是我们今后努力的重点。由衷地欢迎广大读者通过扫描"北大红楼"微信公众号二维码等形式，提出宝贵的意见和建议！我们一定持续提升，不断进步！

本书编写组
2022年1月

图书在版编目（CIP）数据

北大红楼日志 / 中国共产党早期北京革命活动纪念馆编写组编. -- 北京：中共中央党校出版社，2022.1
　　ISBN 978-7-5035-7258-6

　　Ⅰ.①北… Ⅱ.①中… Ⅲ.①中国共产党—党史—研究 ②北京大学—校史—研究 Ⅳ.①D23 ②G649.281

中国版本图书馆CIP数据核字（2022）第016056号

编　　者：	中国共产党早期北京革命活动纪念馆编写组
责任编辑：	曾忆梦　王新焕
责任校对：	魏学静
书籍设计：	北京紫云文心图书有限公司
出　　版：	中共中央党校出版社
发　　行：	北京紫云远景文化传媒有限公司
制　　作：	北京紫云文心图书有限公司
印　　刷：	天津光之彩印刷有限公司
字　　数：	300千字
规　　格：	889mm×1194mm　1/32
印　　张：	24
版　　次：	2022年1月　第1版
印　　次：	2022年1月　第1次 印刷
书　　号：	ISBN 978-7-5035-7258-6
定　　价：	126.00元

本书若有质量问题，请与本公司图书销售中心联系调换。
电话：010-65275382　　17896013086